beck'sche reihe

DAS JAHRTAUSEND

bsr

Die Serie „Das Jahrtausend“ der Frankfurter Allgemeinen Zeitung führt durch die Spiegelungen und Vorspiegelungen der Vergangenheit von zehn Jahrhunderten. Auf dieser Reise durch die Zeit folgt der Leser dem einzelnen Lebenslauf und der Kette der Ereignisse, er begegnet Kunst und Literatur, trifft auf Ängste und Hoffnungen vergangener Epochen und lernt den Alltag in Krieg und Frieden kennen. Wer zu erfahren wünscht, was jetzt ist, erhält die Antwort in dem, was einmal möglich war.

Michael Jeismann, geb. 1958, promovierte im Fach Geschichte an der Universität Bielefeld bei Reinhart Koselleck und ist seit 1993 Redakteur der Frankfurter Allgemeinen Zeitung. Zu seinen Veröffentlichungen zählen u. a.: Das Vaterland der Feinde. Studien zum nationalen Selbstverständnis und Feindbild in Deutschland und Frankreich 1792–1918, Stuttgart 1992, sowie der Sammelband Mahnmal Mitte. Eine Kontroverse, Köln 1999.

Das 20. Jahrhundert

Welt der Extreme

Herausgegeben von
Michael Jeismann

Verlag C. H. Beck

Mit 10 Abbildungen im Text

Die Deutsche Bibliothek – CIP-Einheitsaufnahme

Das 20. Jahrhundert : Aufbruch in die Moderne / hrsg. von Michael Jeismann. – Orig.-Ausg. – München : Beck, 2000
(Beck'sche Reihe ; 4120 : Das Jahrtausend)
ISBN 3 406 45620 0

Originalausgabe
ISBN 3 406 45620 0

Umschlagentwurf: +malsy, Bremen
Umschlagabbildung: Pablo Picasso, Guernica,
Foto: AKG, Berlin

Satz: Kösel, Kempten
Druck und Bindung: C. H. Beck'sche Buchdruckerei, Nördlingen
Gedruckt auf säurefreiem, alterungsbeständigem Papier
(hergestellt aus chlorfrei gebleichtem Zellstoff)
Printed in Germany

Inhalt

Kleine Chronik

1900: Erste Rolltreppe (Paris); Reichsseuchengesetz in Deutschland verabschiedet · *1901:* Englische Königin Victoria gestorben; Thomas Mann: „Die Buddenbrooks"; in Sibirien erstes vollständig erhaltenes Mammut gefunden · *1903:* Bernard Shaw: „Mensch und Übermensch"; erste Tour de France · *1905:* Elektrische Glühbirne mit Wolframdraht; Entdeckung des Syphiliserregers; Bildtelegraphie von Berlin nach München · *1913:* „Titanic-Konferenz" · *1914:* Ausbruch des Ersten Weltkriegs (bis 1918): rund 8,5 Millionen Gefallene · *1917:* Oktoberrevolution in Rußland · *1933:* Koalitionskabinett Hitler-Papen, Auflösung des Reichstags, Ermächtigungsgesetz · *1939:* Beginn des Zweiten Weltkriegs mit Deutschlands Angriff auf Polen · 1941/42: Beginn der systematischen deutschen Vernichtungspolitik gegen die Juden Europas · *1945:* Erste Atombomben auf Hiroshima und Nagasaki; im Weltkrieg kamen insgesamt 62 Millionen Menschen um · *1946:* Fulton-Rede Churchills: „Eiserner Vorhang" zwischen Ost- und Westmächten · *1947:* Indien erlangt Unabhängigkeit · *1949:* Gründung von BRD und DDR, von COMECON und Nato; Sieg der chinesischen kommunistischen Revolution unter Mao Tse-tung · *1970:* Jimi Hendrix gestorben · *1989:* DDR öffnet am 9. November die Mauer · *1990:* Friedensnobelpreis an Michail Gorbatschow; deutsche Einheit; seit 1900 verzwanzigfachte sich Volumen der Wirtschaft; 5,3 Milliarden Menschen: 20000 Milliarden Dollar Bruttosozialprodukt · *1992:* Vertrag von Maastricht · *1999:* 6 Milliarden Menschen auf der Erde; der Senat der Vereinigten Staaten lehnt Atomteststopvertrag ab.

Reinhart Koselleck

Hinter der tödlichen Linie

Das Zeitalter des Totalen

Wer nach symbolischen Daten fahndet, die unser gerade abgeschlossenes Jahrhundert einst eröffnet haben, der wird schnell fündig. Während in Europa Friede herrscht, 1900 inszeniert von der hoffnungsvollen Weltausstellung zu Paris, werfen mehrere Ereignisse auf den anderen Kontinenten ihre Schlagschatten in die Zukunft.

Die Vereinigten Staaten treten, nachdem sich ihre offene Grenze im Westen geschlossen hat, 1898 hinaus in die Weltpolitik. Im Seekrieg gegen das katholische Spanien erobern sie im Pazifik die Philippinen, in der Karibik Kuba, wo sie Stützpunkte errichten, und 1901 beginnen sie den Bau des Panamakanals. Ein Jahr später kommt es zu einem Prestigestreit zwischen Deutschland und Theodore Roosevelt, der seinen „big stick" speziell gegen den Kaiser erhob, um eine europäische Intervention in Südamerika zu verhindern, wo Kanonenboote Venezuela zur Begleichung ausstehender Schulden zwingen sollten. Hier beanspruchten die Vereinigten Staaten, unter Berufung auf die Monroedoktrin, ihr Monopol für Kontrolle oder Intervention. Und schon wurde, nicht nur in Großbritannien, sondern gerade in den Vereinigten Staaten, die deutsche Flotte als sich einmischender Störfaktor erfahren.

In Afrika kommt es in Faschoda 1899 zu einer kritischen Konfrontation der beiden imperialen Kolonialmächte England und Frankreich, die durch ein Teilungsabkommen für Afrika beigelegt wird: längerfristig eine Voraussetzung der sogenannten „Entente cordiale", die sich implizit gegen das deutsche Kaiserreich richten wird. Vorerst gewann Großbritannien einen freien Rücken für einen der blutigsten Kolonialkriege überhaupt, den ersten totalen Krieg unseres Jahrhunderts: den Burenkrieg. Um 80000 Buren zu unterwerfen, mobilisieren die Briten 450000 Mann, aber deren blutig bezahlte Siege treiben die Buren zur Guerrilla-Kriegsführung in den Untergrund. Darauf reagieren die Briten mit der Taktik der verbrannten Erde: Etwa 30000 Höfe samt den Ernten wurden vertilgt, und die Zivilbevölkerung in die sogenannten „concentration camps" zusammengetrieben. Darin kamen rund 28000 weiße Frauen und Kinder um, etwa 14000 schwarze Untertanen der Buren in gesonderten Lagern. Es war der erste moderne Krieg, der nicht nur um Land geführt wurde – es ging um Gold und Diamantenfelder –, sondern schon gegen das ganze Volk. Die Buren wurden allesamt für den Krieg haftbar gemacht. Insofern war es ein Volkskrieg, ein demokratischer Krieg, der die liberalen Prinzipien zum Schutz von Privatpersonen und deren Eigentum verabschiedete.

Doch es dauerte nicht lange, bis sich Briten und Buren einigten, die Bürde des weißen Mannes gegen die Mehrheit der Schwarzen, der Mischlinge und der Inder zu schultern. Rassische Deutungsmuster drängen hoch, aber es dauert Jahrzehnte, bis außerehelicher Geschlechtsverkehr zwischen Weißen und Nichtweißen (1927), schließlich jede Mischehe verboten wird (1950). Im benachbarten Kolonialland der Deutschen führen diese gleich einen Ausrottungskrieg gegen die aufständischen Hereros (1904), von denen etwa achtzig Prozent – 80000 – umkommen, getötet oder in die Wüste getrieben und verdurstet.

Auch in Asien tauchen rassische Feindbestimmungen hoch, als die „Faustkämpfer für Recht und Einigkeit" Chinas, die sogenannten Boxer, in einem blutigen Aufstand gegen die Ausbreitung der Kolonialmächte deren militärische Invasion hervorrufen (1900). Während der Kaiser von seinen Soldaten forderte, sich gegen die „Gelbe Gefahr" wie die Hunnen zu verhalten, nämlich keine Gefangenen zu machen, wurde das besiegte China zu entwürdigenden moralischen und finanziellen Sühneleistungen genötigt. Die Vereinigten Staaten verlangten zudem – gegen jede Aufteilung nach kolonialen Interessensphären – die berühmte „offene Tür", um den chinesischen Markt insgesamt zu erschließen. Hier wurden blutige und drohende Zeichen in ein Geschichtsbuch eingetragen, das heute noch viele leere und unbeschriebene Seiten aufweist und im kommenden Jahrhundert noch zu vergeben haben wird. Den ersten Nachtrag zum Boxerkrieg leisten 1904/05 die Japaner, als sie eine weiße Weltmacht, die Russen, besiegen. Und diese – jetzt japanische – „Gelbe Gefahr" wurde wiederum beschworen, als nach dem japanischen Überfall auf Pearl Harbour alle Japaner, auch die mit der Staatsbürgerschaft der Vereinigten Staaten und beiderlei Geschlechts, enteignet und bis zum Kriegsende in Lager gesperrt wurden.

Genug der Daten zum Jahrhundertbeginn, deren symbolische Kraft weit in unsere eigene Zeit hineinreicht. Nicht, daß wir genötigt wären, aus dem totalen Krieg der Briten, aus dem universalen Anspruch der Amerikaner, aus den rassischen Diskriminierungen aller Nichtweißen, aus dem Vernichtungsfeldzug der Deutschen, aus dem Aufstand der Chinesen und aus dem rasanten Aufstieg der Japaner – alles um 1900 – kausale Ketten zu knüpfen, die die Folgezeit determiniert hätten. Aber Probleme wurden schlagartig beleuchtet, deren Lösung noch heute allen Kontinenten zu schaffen macht. Ein Datum für sich genommen ist blind, analytisch ohne Bedeutung, es sei denn, es wird gewichtet im Hinblick auf das, was vorher, nachher oder gleichzeitig geschehen ist. Die Zusammenrechnung von hundert Jahren zum Jahrhundertbegriff – im Deutschen erst seit dem 17. Jahrhundert sagbar und somit denkbar geworden – liefert uns dagegen eine nur formale und fragwürdige Recheneinheit. Anfangs erfunden, um unterschiedliche Stoffmassen handbuchartig parallel zu schalten, gewannen die Jahrhunderte erst symbolisches Gewicht, als die Zeitgenossen sich selbst ihrer bedienten. So wurde das achtzehnte Jahrhundert zu einem der Aufklärung, das folgende zu einem des Fortschritts. Das unsrige sperrt sich gegen derartige Vereinfachungen. Ist es das Jahrhundert des Scheiterns Deutschlands und Japans – in der ersten Hälfte –, und des Scheiterns Rußlands – in der zweiten Hälfte? Ist es deshalb das Jahrhundert Amerikas? Oder ist es das Jahrhundert der Katastrophen und – seitenverkehrt – der technisch-industriellen Expansion? Der Massenmorde und Exilierungen in millionenfacher Steigerung? Oder der Erschließung des planetarischen Raumes und der Gentechnik? Rein politisch ist unser Begriff bereits zum Ziehharmonikabegriff geworden: das neunzehnte Jahrhundert wird – von 1789 bis 1914 – das lange, das folgende, bis 1989, das kurze Jahrhundert genannt. Schon das erhellt, daß die Hundertjahresfrist willkürlich, beliebig und, analytisch gesprochen, rein zufällig ist. Mögen Einzeldaten symbolisch sein, hundert Jahre, die sich obendrein von Jahr zu Jahr neu zusammenfügen lassen, sind es nicht. Daher halten wir es lieber mit Kant, der forderte, daß sich die Chronologie nach der Geschichte zu richten habe, nicht aber umgekehrt die Geschichte nach der Chronologie. Fragen wir deshalb zuerst nach den geschichtlichen Faktoren und Zusammenhängen, die länger währen als unser zufälliges Jahrhundert, die ihm vorausgehen und darüber hinausweisen. In diese übergreifende Perspektive gerückt, stellt sich heraus, daß gerade was sich gleich zu bleiben scheint und stetig wiederholt, dennoch folgenschwere Veränderungen hervorgerufen hat.

Da ist zunächst das generative Verhalten zu nennen. Gerade wo und weil es sich gleich bleibt, kommt es zur Bevölkerungsexplosion. In Afrika hat sich südlich der Sahara die Bevölkerung der letzten vierzig Jahre verdreifacht, streckenweise vervierfacht. Die Asymmetrie zwischen den industrialisierten Ländern mit relativ stabiler Reproduktionsrate und den Entwicklungsländern – rund achtzig Prozent der Weltbevölkerung – verzerrt sich zunehmend. Vergeblich suchen die Chinesen die Einkindfamilie durchzusetzen, um die Überschreitung ihrer Einmilliarden-Grenze zu verzögern. Die Exponentialkurve der Verdoppelung in immer kürzeren Zeiträumen – 1800 gab es eine Milliarde Menschen auf dem Globus, 1930 waren es zwei, heute sind es bereits sechs Milliarden – mag sich abflachen, sei es durch Familienplanung, sei es durch Seuchen und Hungerkatastrophen. Aber das von Malthus einmal erkannte Dilemma, daß sich die Bevölkerung in geometrischer Reihe, die Nahrungsressourcen bestenfalls in arithmetischer Reihe verdoppeln, bleibt eine reale Gefahr, mögen die gentechnischen Ernährungsnachhilfen noch so viel Entlastung herbeischaffen, wie sie können oder könnten. Die Voraussage Hobbes', daß bei Übervölkerung und wachsender Nahrungsknappheit die Natur des Menschen – einander Wolf zu sein – sich wieder voll ausleben werde, bleibt eine unwiderlegbare Drohung, die, durch unsere hundert Jahre hindurchgreifend, die Zukunft noch mehr determinieren wird als heute, wo oft genug die Alternative: Hungertod oder Migration ihre ubiquitären Folgen zeitigt. Das Wuchern der zweistellige Millionenzahlen überschreitenden Megastädte evoziert den Ruf nach Lebensqualität, weil sie bereits abhanden gekommen ist. Während die Verschiebung der Land-Stadt-Relation bisher durch die Industrialisierung provoziert wurde, aber auch aufgefangen werden konnte – bei einer Absenkung des primären Agrarsektors auf rund fünf Prozent der Bevölkerung in den industrialisierten Staaten –, versperrt sich dieser Ausweg in den letzten Dekaden, im Maß als die Informationsgesellschaft wächst. Auch hier werden exponentiale Kurven hochgetrieben.

In immer kürzeren Abständen werden immer mehr Informationen speicherbar und vermittelbar. Die mechanischen Anfänge, etwa mit Leibniz' Staffelwalze, sind längst Historie; seit unserer Jahrhundertmitte beginnen die elektronischen Rechner, immer kleiner und immer wirksamer, unser Leben umzuwandeln. Die Beschleunigungskurve ist hier noch völlig offen, und von Sättigung zu sprechen verbietet jede sich überholende Erfahrung. Wohl aber nötigt uns diese Art der Erfahrung, den überkommenen Planungshaushalt umzustellen. Mit der Menge der gespeicherten und verfügbaren Daten wächst der Anteil einer potentiellen Zukunft, die bar jeder Anschauung unser Handeln bestimmt. Das gilt für die Ökonomie, die Politik und für das Militär allemal. Je mehr Daten vorgegeben, kombinierbar und hochrechenbar sind, desto größer der Planungszwang, um überhaupt handeln zu können. Dieser Wandel, der die Dimensionen der Vergangenheit und Zukunft umstülpt und neu verschränkt, ist nicht mehr auf Planungslust oder -besessenheit zurückzuführen, die seit der frühen Neuzeit um sich greifen. Dieser Wandel hat die sich stets wiederholenden Voraussetzungen unseres gesellschaftlichen Daseins selbst in Bewegung versetzt. Was sich der unmittelbaren Erfahrung entzieht, erscheint als imaginäre Realität auf dem Bildschirm. Die Grenze zwischen der faktischen Welt des Wißbaren und der fiktiven Welt des Möglichen verschwimmt. Hinter dem Bildschirm konvergieren beide Dimensionen und erzeugen – fast möchte man sagen: eine irreale Welt, die eben deshalb sehr konkret und wirklich ist. Das Imaginierbare ist, einmal vom Computer erfaßt, schon real. Das rote Telefon, seit der Kuba-Krise zwischen Washington und Moskau installiert, steht eben nicht nur symbolisch auf dem Tisch. Es steht für den Strukturwandel ein und soll die gespeicherten Katastrophen abwenden helfen.

Die im Computer vorausberechneten und elektronisch steuerbaren Atomraketen erlaubten es, Mitte der siebziger Jahre alle Waffenlager und Industrieanlagen der Sowjetunion samt der Bevölkerung binnen dreißig Minuten auszulöschen – mit Folgen freilich, die nicht mehr beherrschbar geblieben wären.

Die Verschränkung des atomaren Vernichtungspotentials mit den elektronisch gespeicherten Planungsdaten verweist uns auf ihre Voraussetzungen: es sind die sich trotz allen Wandels wiederholenden Bedingungen der Forschung, ohne die kein technisch-industrieller Fortschritt möglich ist. Seit Jahrhunderten sucht jede Hypothese, jedes Experiment bisher ungelöste Probleme zu lösen, mit deren Auflösung neue Probleme generiert werden; aber nicht beliebig, sondern in linear unumkehrbarer Sukzession (was die Wiederaufnahme ehemaliger Alternativen nicht ausschließt).

Die Quantenphysik und die Relativitätstheorie haben, chronologisch zufällig, zu Beginn unseres Jahrhunderts neue Fragen erschlossen mit zuvor ungeahnten Folgen – übrigens gleichzeitig mit der Entfaltung der Zwölftonmusik und der gegenstandsfreien Künste mit ästhetisch ebenfalls unvorhersehbaren Folgen. Die einander sich überholenden Modernismen indizieren eine subjektiv gewollte Beschleunigung der Kunstrichtungen. Die Erfindung des sprachlogischen Unsinns einer Postmoderne ist höchstens ein Indikator dafür, daß sich die Überholgeschwindigkeit intellektueller und ästhetischer Moden verlangsamt hat. Das trifft auch auf den Sport zu, dessen Rekorde nur mehr in tausendstel Sekunden meßbar sind, worin die eigentliche Leistungssteigerung besteht, während die Geschwindigkeiten oder Reichweiten der einzelnen Sportarten an ihre von Natur aus nicht mehr überbietbaren Obergrenzen stoßen. Nur noch die in ihrer

Wiederholung stets überraschenden Spiele behalten ihren dauerhaften Reiz. Ob ähnliche Verlangsamungen im Bereich der reinen Forschung zu erwarten sind, darf bezweifelt werden. Eine deutliche Abflachung der Exponentialkurven zeichnet sich dagegen ab im Bereich der Nachrichten und des Verkehrs. Das neunzehnte Jahrhundert brachte den Überschritt von naturkraftbetriebenen Kutschen und Seglern zu den technisch sie langsam überholenden, schließlich fast verdrängenden Dampfschiffen und Eisenbahnen. Die Verkehrsverdichtung und -beschleunigung führte, inzwischen auch durch Automobile, zu einer Schrumpfung des Raumes.

Aber erst in unseren hundert Jahren zeichnet sich ein Qualitätssprung ab: Für den Verkehr wie für das Nachrichtenwesen wird die dritte Dimension erobert. Damit verwandelt sich unser Globus in das Raumschiff, so wie wir es heute erfahren. Der Luftraum wurde schon vor der Französischen Revolution – dank Montgolfier – befliegbar, aber erst 1900 gelang es Zeppelin, sein starres Luftschiff, mit Motor und Rudern, zu steuern. 1904 hob das erste Motorflugzeug vom Boden ab, übersprang 1909 erstmals den Kanal, überflog 1919 erstmals den Atlantik, und 1969, also binnen eines Menschenlebens, landeten kraft des neuen Raketenantriebes die ersten Menschen auf dem Mond. Die Erkundung des planetarischen Raumes und des Weltalls schreitet seitdem voran.

Ohne militärischen Wettlauf und ohne die Herausforderungen der beiden heißen und des kalten Krieges wären diese Beschleunigungsschübe kaum so schnell erfolgt. Aber der technische Fortschritt erzeugt auch seine eigenen Abläufe. Der Personenverkehr über See hat sich seitdem in die Luft verlagert. Die Überquerung des Atlantiks ist keine Terminfrage mehr von Monaten, wie zur Zeit des Segelschiffs, von Wochentagen wie zu Zeiten der Dampfer, sondern nur noch von Stunden. Damit ist ein Maximum erreicht, dessen

Effizienz durch die Verkehrsstaus zu Land und in der Luft schon ins Stocken geraten ist. Ein analoger Endpunkt ist in der Beschleunigungskurve der Nachrichten erreicht worden. Während schon im neunzehnten Jahrhundert das draht- bzw. kabelgebundene Nachrichtennetz den Globus umspannt hatte, gelingt 1899 die erste drahtlose Übertragung zwischen England und Frankreich, zwei Jahre später über den Atlantik hinweg. Seitdem schrumpft die Differenz zwischen Ereignissen und Nachrichten stetig, um im Nullpunkt identisch zu werden. Während früher die Nachrichten und Bilder den Geschehnissen Monate, Wochen oder Tage hinterherhinkten, konvergieren beide zunehmend.

Kennedys Ermordung ereignet sich zeitgleich in dem bekannten Amateurfilm darüber. Das läßt sich noch steigern: 1960 wird in Tokio der sozialistische Parteiführer während einer Rede vor laufenden Fernsehkameras ermordet. Der politische Mord wird identisch mit seiner Vermittlung an das televisionäre Publikum. Und das sollte sich wiederholen 1963 mit Kassem im Irak, 1981 mit Sadat in Ägypten, bei der Exekution Ceauşescus 1989 in Rumänien. Damit wird die sichtbare Schwelle zum Informationszeitalter auch hier überschritten. Selbst Raketen senden ihre radargesteuerte Flugbahn auf den Bildschirm, bis sie ihr Ziel durch ihre eigene Explosion identifiziert haben. Seitdem werden auch Kriege auf ihre ästhetische Sende- und Empfangsfähigkeit vor dem Schirm der betrachtenden Bürger hin geplant und gesteuert. Das wahre Elend bleibt verborgen.

Unsere Beschleunigungskurven lassen sich in zahlreichen weiteren Sektoren aufzeigen. Hier genügt der Nachweis, daß gerade unter gleichbleibenden Voraussetzungen enorme Veränderungen zustande kamen, die auf alle Gesellschaften des Globus einwirken. Trotz da und dort abflachender Exponentialkurven bleibt eine absolut tödliche Endlinie dauerhaft gegenwärtig. Denn auch das Vernichtungspotential hat

Die frühe Globalisierung, 1951, tausend Meilen nördlich von Oslo, am Nordkap: Reklameschild der Fluggesellschaft SAS

sich in einer exponentialen Kurve gesteigert. Es ist zugleich Antriebskraft wie die Kehrseite des technisch-industriellen Fortschritts: Da ist zunächst zu nennen die Massierung der Explosivgeschosse, die sogar die Leichen vernichten. In drei Tagen Flandernkrieg verschossen die Briten Munition für so viel Pfund Sterling, wie sie nach dem Krieg für ihre Kriegerfriedhöfe ausgaben (für 1,2 Millionen Gefallene). Hinzu kam die Erfindung des tödlichen Gases im Ersten Weltkrieg, das die Deutschen im Zweiten dazu nutzten, um – über ihre direkten Mordaktionen hinaus – 5 bis 6 Millionen Juden und „Zigeuner" und slawische Gefangene obendrein zu vergasen. Schlachtentscheidend blieben die traditionellen Landtruppen samt den schnellen Panzern, kriegsentscheidend aber wurde die Erschließung der dritten Dimension. Die Deutschen scheiterten zweimal mit dem Unterwasserkrieg, die Anglo-Amerikaner gewannen den Luftkrieg und so die Möglichkeit, mit zwei Atombomben Japan in verkürzter Zeitspanne zur Kapitulation zu zwingen. Ein Zerstörungspotential wurde entwickelt, das erstmals die gesamte Menschheit und alle Menschen einzeln in eine apokalyptisch zu nennende Drohung einrückt. Es ist nicht mehr das gläubig erwartete Weltgericht, das sich von Prophetie zu Prophetie hinausschieben ließ, vielmehr besteht seit dem Kriegsende täglich und stündlich die Möglichkeit, die gesamte Menschheit durch atomare Strahlung zu vernichten. Abstrakt gesprochen wäre das die Selbstvernichtung der Menschheit, konkret aber die Entscheidung einiger weniger, die als Staatsmänner oder als Terroristen die Kettenreaktionen auslösen können. So führt uns diese als einzigartig und erstmalig zu benennende Errungenschaft unseres wissenschaftlich-technisch-industriellen Jahrhunderts in das offene Feld der Politik. Stand unsere Deutung des technischen Fortschritts unter der Frage: Was ändert sich, gerade wenn die Voraussetzungen gleichbleiben?, so steht die politische Geschichte eher unter der Vermutung, daß sich besonders viel verändert habe, weil sich – wie gezeigt – auch die Voraussetzungen der Politik geändert hätten. Das trifft aber nur sehr bedingt zu.

Es gibt zwei große Trends, die aus dem europäischen neunzehnten in unser Jahrhundert hineinwirken und die inzwischen den ganzen Globus erfaßt haben: Erstens die geopolitisch lückenlose Nationalstaatenbildung und zweitens die zunehmende Aushöhlung ebendieser Nationalstaaten. Sie erfolgt von oben und von innen durch über- und internationale Machtakkumulationen politischer und ökonomischer Art, die in die Staaten eingreifen, sowie durch Aufstands- und Spaltungsbewegungen, die das staatliche Gewaltmonopol von unten oder von außen ins Wanken bringen. Staat und Souveränität klaffen zunehmend auseinander, lassen sich nicht mehr, wie seit den Fürstenstaaten versucht, zusammenführen. Dauernd aufbrechende Bürgerkriege schaffen immer wieder unlösbare Konflikte. Die einzig bisher gelingende Ausnahme scheint die Europäische Union zu sein, eine Union alter Staaten. Die junge Nationalstaatsbildung vollzieht sich in drei Schüben, und zwar nach den gleichen Regeln. Sie erfolgten stets nach dem Zusammenbruch übernationaler Großreiche. Die konkurrierenden Staatsbildungen der Balkankriege gingen schon auf Kosten des Osmanischen Reiches, mit dem Zusammenbruch Rußlands 1917 und Österreich-Ungarns sowie Deutschlands 1918 entstand eine Menge von Staatsnationen unterschiedlicher Lebensdauer, von Finnland bis Jugoslawien und bis zum Kaukasus.

Die zweite Welle folgte nach dem Ende des Zweiten Weltkrieges. Sie erfaßte die gesamte islamische Welt von Marokko über die vorderorientalischen Mandatsgebiete bis nach Indonesien; ebenso die südostasiatischen Dominions und Halbkolonien von Indien bis Vietnam. Danach entstand mit dem sukzessiven Ende der europäischen Kolonialreiche auch dort eine neue Staatenwelt; Anfangs- und Schlußlicht war die Südafrikanische Republik, die sich zweimal emanzipierte, einmal vom Commonwealth, sodann von der exklusiven Herrschaft der Weißen. Die letzte Welle erfolgte mit der Implosion der Sowjetunion, aus deren Erbe rund zwanzig neue, zumeist islamische Republiken hervorgingen, zwischen China, Rußland und dem Orient gelegen. Rein numerisch zeigt sich die anwachsende, vorerst auslaufende Flutwelle der Nationalstaaten in den Mitgliedszahlen zum Völkerbund, der mit 26 Siegerstaaten begann, aber 1935 schon 60 Mitglieder zählte. Die Vereinten Nationen wurden von 50 Signatarstaaten begründet und haben inzwischen 188 Mitglieder. Völkerrechtlich ist der Globus seitdem nationalstaatlich parzelliert.

Dieser nun tatsächlich säkular zu umreißende Vorgang begann jeweils als revolutionär begriffene, aber meist friedlich herbeigeführte Befreiung, endete aber fast überall in einer Flut von Blut und Elend. Denn der Legitimationstitel aller Nationalstaaten war auf Homogenität abgestellt. Die postulierte Einheit des Staatsvolkes oder der Nation erzeugte Widerstände eigener Art, seien sie religiös, sprachlich, ökonomisch, historisch, ethnisch oder sonstwie begründet. Diese Widerstände mochten von den Grenzzonen herrühren, so daß vorbeugende Expansion angesagt schien, oder sie wurden innerhalb der jungen Staaten selber hervorgelockt. Dort wurde eine Skala von Homogenisierungsmaßnahmen ausgefaltet, die von der Unterwerfung, Einverleibung oder Purifikation über Umsiedlung oder Exilierung bis zur Vernichtung der einmal hinausdefinierten Minderheit führen konnte. Die gemeinsame Signatur war, ob liberaldemokratisch oder radikaldemokratisch, volksdemokratisch oder wie Mussolini seinen faschistischen Staat definierte: als „democrazia totalitaria", die Signatur des

Bürgerkrieges. Der politische Gegner wird als Feind nicht anerkannt, sondern geächtet.

Die Sortierung nach Volkskriterien leistet dem Vorschub. Die Sieger von 1918 teilten die Elsässer in vier Gruppen, in Voll-, Dreiviertel- und Halbfranzosen; der Rest, gleich Reichsdeutsche, wurde vertrieben. So konnte es geschehen, daß Harry Bresslau, Mediävist in Straßburg, mit zwei Koffern in der Hand über die Kehler Rheinbrücke gejagt wurde, während sein Schwiegersohn Albert Schweitzer nach vierjähriger Internierung als Deutscher nunmehr als Vollfranzose mit seiner „halbfranzösischen" Frau im Elsaß bleiben durfte. Ein Nachfolger Bresslaus baute auf dessen kritisch zubereiteter Quellenbasis auf, um seine bekannten Forschungen vorzulegen. Es war Marc Bloch, den die Deutschen im Zweiten Weltkrieg als Offizier der Résistance erschossen haben, seither Namensgeber der Straßburger Universität. Dies ist eine der Geschichten, die nur auf der Oberfläche national eindeutig sind. Vor allem aber zeugt sie davon, daß die Deutschen aus ihrer Niederlage 1918 nichts gelernt hatten. Im Gegenteil, 1939 stellten sie wieder eine Vier-Kategorien-Tafel auf, um im eroberten Polen alternativ durch Eindeutschung oder Vertreibung ein homogenes Siedlungsgebiet zu erzwingen. Und sie gingen weit darüber hinaus. Sie schritten zur Vernichtung der polnischen Elite, und mehr noch, aller Juden jeden Alters und beiderlei Geschlechts, derer sie habhaft werden konnten, Millionen schuldloser Zivilisten.

Die Skala, die von der Vertreibung bis zur Vernichtung reicht, wird zum gleitenden Maßstab zahlloser Homogenisierungsaktionen im Zuge der Nationalstaatsbildung. Erinnert sei nur an den griechisch-türkischen Bevölkerungstransfer 1923, abgesegnet von den Siegermächten; an den Bevölkerungstausch von 12 Millionen Vertriebenen zwischen Indien und Pakistan; an die Vertreibung von über einer Million Palästinensern durch die Israelis; an die Zwangsumsiedlungen vieler Millionen Schwarzer in Südafrika; an den Bürgerkrieg der Völker Nigerias, von denen allein die Ibos eine Million Ermordeter zu beklagen haben; an die gegenseitigen Ausrottungsfeldzüge der Hutu und Tutsi in Ruanda und Burundi; an die Vernichtung der Chinesen auf Java; an die zu Klassenfeinden umdefinierten Völker, die Stalin verhungern oder aussiedeln und dem Tod durch Arbeit zuführen ließ, ganz zu schweigen von den Millionen exekutierter Feinde des Sowjetvolkes. Die Zahl der Bürgerkriegsopfer in Maos Reich wird auf 60 Millionen geschätzt. – Genug der fast zufällig herausgegriffenen Hinweise.

Nun mag die Blutspur auf der Bahn zur Vereinheitlichung der Nationalstaaten in den jeweiligen Ländern selbst verursacht worden sein. Dennoch verweist sie uns auf die internationalen Machtkonstellationen, die sich in unseren hundert Jahren tiefgreifend verändert haben. Alle nationalstaatlichen Bürgerkriege hängen teils kausal, teils funktional von der internationalen Politik ab. So wurde der Spanische Bürgerkrieg ebenso als Krieg zwischen den faschistischen Staaten und der Sowjetunion ausgetragen, bei halbherziger Enthaltung der liberaldemokratischen Großmächte.

Der Zusammenbruch der Pentarchie im Ersten Weltkrieg war keineswegs durch die Versailler Friedensordnung und den Völkerbund aufgefangen worden. Nicht nur die Besiegten, selbst die Sieger suchten den Frieden Jahr für Jahr nachzubessern. Genannt seien nur die polnischen Freikorps, die 1921 in Oberschlesien einfielen, um nach der Volksabstimmung das zugunsten Deutschlands ausgefallene Ergebnis gewaltsam zu korrigieren. Der versprochene Minderheitenschutz versagte. Keiner der Nachfolgestaaten Österreich-Ungarns hat es vermocht, die Erblast verschiedener Nationalitäten föderal aufzufangen. Jede Föderation setzt die

Gleichheit Ungleicher voraus, was Duldung fordert und immer Unkosten verursacht. Weder gelang es der Tschechoslowakei noch Jugoslawien, die ihnen einwohnenden Völker als gleichberechtigt oder als autonom anzuerkennen. Beide Staaten sind zerfallen und an denselben Problemen gescheitert, um deren Lösung willen die Doppelmonarchie zerschlagen worden war. Trafen die Schüsse von Sarajevo nur einen Monarchen und dessen Frau, so richteten sich die Schüsse von Sarajevo 1994 gleich gegen ein ganzes Volk, hier der muslimischen Bosnier.

Der Zweite Weltkrieg stand noch im Zeichen hegemonialer Großraumbildung „Großdeutschlands" in Europa und „Großasien den Asiaten" (Mitsuru Toyama) für die Japaner. Die Gründe ihres Scheiterns sind mannigfaltig, aber ein Grund reicht hin. Beide Reiche haben die nationalen Realitäten und Potenzen nicht nur durch ihre rassischen Ideologien mißachtet, sondern durch maßlosen Terror unterdrückt und sich damit um jede übernationale Legitimation gebracht. Aber was sich in den UN zu erfüllen schien, erzeugte nach Kriegsende sofort die polare Spannung der beiden Weltmächte. Beide waren legitime Erben der europäischen Aufklärung, beide verfochten Ideologien von universaler, deshalb einander ausschließender Geltung: Die Vereinigten Staaten als Vorkämpfer des liberaldemokratischen Staatenmodells mit Gewaltenteilung zum Schutz der Menschenrechte – von Wilson 1917 programmatisch postuliert; die Sowjetunion als Vorhut der Weltrevolution, die mit Beseitigung aller Klassen die soziale Gerechtigkeit verwirklichen werde – 1919 für Lenins III. Internationale dogmatisch formuliert. Im Ergebnis wurde die Welt schottendicht geteilt, in zwei neue Großräume nach dem modernen Glaubensprinzip: „cuius regio, eius oeconomia". Ideologisch einander als das schlechthin Böse diskriminierend, glitten die sich hochrüstenden Militärblöcke nur deshalb nicht in den

Beschleunigung, Verdichtung, Verdrängung: Metropolis

grenzüberschreitenden Krieg, weil die Furcht vor dem Atomtod ein Minimum an politischer Rationalität erzwang.

Gleichwohl imprägnierte der Ost-West-Konflikt den ganzen Globus, denn alle neuen Nationsbildungen und viele der nationalen Geschichten, gebeutelt von Monarchenstürzen, Obristenputschen, Verfassungswechseln und Präsidentenmorden – immer wieder sich ausweitend zu Völkermorden –, gerieten in den Sog der beiden Weltreiche. Zahlreiche, auch genuin entstandene Bürgerkriege mutierten zu Stellvertreterkriegen der Supermächte – von Korea über Vietnam nach Palästina, Afghanistan, Algerien und Kuba, um nur Länder der nördlichen Halbkugel zu nennen. Denn alle Bürgerkriegsparteien blieben auf die Hilfe oder den Schutz der Weltmächte angewiesen, wenn sie ihre nationalen Revolutionen zu Ende bringen wollten.

Je mehr Völker in den Strudel dieses sogenannten „Weltbürgerkrieges" gerieten, desto schneller verschoben sich die Fronten, die deshalb immer häufiger gewechselt werden konnten. Der Verrat behielt seine Chance, Tugend zu bleiben. Statt Frieden zu stiften, wurden die Staaten selbst zu Instrumenten des Terrors. Indem der polare Gegensatz sich von den Betroffenen ausbeuten ließ, öffneten sich die Schleusen für eine Fülle neuer Alternativen. Neutralistische Bewegungen der Dritten Welt, ethnisch oder religiös motivierte Pan-Bewegungen, vor allem aber durch Wirtschaftsinteressen zusammengehaltene transkontinentale Organisationen wie die Opec, weichten den bipolaren Gegensatz auf. Und seitdem China aus dem Sowjetblock ausscherte und eine eigene Hegemonialpolitik verfolgte, entstand ein Pluralismus neuer Risiken. Mit der Implosion des Sowjetreiches wurde dieser Trend verstärkt, weil viele neue politische Handlungseinheiten in Aktion traten. Dabei wird deutlich, daß alle Nationalstaaten nicht nur das Erbe des neunzehnten Jahrhunderts antreten, sondern auf Schutz und Hilfe angewiesen bleiben, sei es gegenseitig, sei es durch höher aggregierte Handlungseinheiten, sei es durch die universal legitimierten Organisationen der Vereinten Nationen.

So entsteht eine Dauerspannung erstens zwischen universalen Postulaten, etwa der Globalisierung des Marktes, ganz im Sinne der Marxschen Theorie, oder zur Wahrung der individuellen Menschenrechte, ganz im Sinne der liberalen Tradition, zweitens jenen minimalen übernationalen Zusammenschlüssen, die zum Überleben nötig sind, und drittens schließlich jenen konfliktträchtigen Nationalstaaten selber. Damit sind die Problemfelder abgesteckt, in denen sich die zukünftige Politik bewegen wird. Föderale Lösungen sind gefragt.

Christian Pfister

Jahrhundertwetter

Als bei der großen Flut 1995 der Pegel bei Köln auf zehn Meter kletterte, waren zuvor im Einzugsgebiet der Nebenflüsse rund zweihundert Liter Regen pro Quadratmeter gefallen. Bei der Jahrhundertflut der Oder im Juli 1997 kam rund das Doppelte vom Himmel. Diese Rekordmenge hätte selbst den Altarraum des Kölner Doms geflutet. Bemerkenswert ist die Häufung der „Jahrhunderthochwässer" am Rheinpegel bei Worms in den letzten fünfzehn Jahren. Kausale Zusammenhänge mit der globalen Erwärmung sind nicht herzustellen, doch ist die zeitliche Übereinstimmung frappierend.

Bis 1987 erfolgte die Erwärmung jahreszeitlich gestaffelt und war von Rückschlägen unterbrochen: Von 1896 an wurden die Winter wärmer und niederschlagsreicher, von 1920 an wurden die Herbste, von 1930 an die Sommer wärmer und trockener. 1962/63 trug der Bodensee letztmals eine Eisdecke, die Alpengletscher stießen geringfügig vor, was Ängste vor einer neuen Eiszeit weckte.

Im Jahr 1988 erfolgte die klimatische Wende, ein Jahr vor der politischen. Seitdem ist die mittlere Jahrestemperatur um 1°C angestiegen. Das Jahrzehnt 1988 bis 1997 ist nicht nur das wärmste in den letzten 500 bis 800 Jahren, erstmals sind auch die kalten Abweichungen weggeblieben. In den vorangegangenen 490 Jahren hatten sie stets zum Bild des natürlichen Klimas gehört. Der außergewöhnliche Erwärmungsschub des jüngsten Jahrzehnts beschränkt sich nicht auf das südliche Mitteleuropa: Auf der nördlichen Hemisphäre lag die Durchschnittstemperatur der drei Jahre 1990, 1995 und 1997 höher als in jedem anderen Jahr seit

1400. Das Jahr 1998 war sogar das wärmste dieses Jahrtausends. Sollte sich der Trend zu mehr Wärme und Feuchtigkeit fortsetzen, dürften die Klimatologen in zwanzig Jahren die Wende von 1988 als Übergang zum „Treibhausklima des 21. Jahrhunderts“ bezeichnen.

Michael Jeismann

Jüngste Tage
Geld

Die Wirtschaft sei unser Schicksal, meinte Walther Rathenau zu Beginn unseres Jahrhunderts und antwortete damit auf Napoleons Wort, wonach die Politik das Schicksal der Völker sei. Aber erst jetzt, am Ende des Jahrhunderts, scheint Rathenaus Umkehrung wirklich zuzutreffen. Es gibt ein Ringen um Kapitalmärkte und Standorte, das an Dramatik den überkommenen Rivalitäten der Nationalstaaten in nichts nachsteht. Längst hat hier auch eine Art Demokratisierung eingesetzt. Ein symbolisches Datum war – und es wurde als solches registriert – der Börsengang der „Deutschen Telekom" im November 1996. Das Staatsunternehmen, hoheitlich vormals und Ausweis nationalstaatlicher Potenz, begab sich wortwörtlich in die Hand der Aktionäre. Was Émile Zola in seinem Roman „Geld" als Magnet und Moloch einer schmalen Gesellschaftsschicht von Neureichen, Abenteurern, adligen Absteigern und von Experten erfaßt hatte, kam nun als volkstümliche Einladung zur Börse in die Wohnzimmer einer Bevölkerung, die zuvor kaum einen Gedanken an Aktien und Kurse verschwendet hatte: der Kitzel der Spekulation.

Die Appelle sind nicht zu überhören: Die Ökonomie hat das letzte Wort und tritt die Stelle von Religion und Staat als Letztbegründungsinstanzen an. Was immer im Wirtschaftsleben wirklich vorgeht, mentalitätsgeschichtlich beginnt ein Umbruch in den achtziger Jahren, und nur davon soll hier die Rede sein. Ein Beispiel: Der Jugend wird von Versicherungen und Banken dringend nahegelegt, ohne Verzug ihre Rente zu sichern. In einem leicht perfiden Werbespot wird demonstriert, daß noch ganz viele nette Menschen uns zum fünfzigsten Geburtstag und auch zum sechzigsten gratulieren. Aber beim siebzigsten oder gar fünfundsiebzigsten: Allein sitzen wir da, weil verarmt, in einem erbärmlichen Altenheimzimmer, mit dem trockenen Stück Kuchen vor uns. Indessen, für die Rente sparen kann nur der, der eine Arbeit findet. Das sind die Zukunftsbilder, die man der Jugend vorhält. Es gibt gewiß gute Gründe für Vorsorge, aber wie kurz ist die Jugend, die so früh an ihr endloses Alter denken muß! Markt und Marktwert haben sich schon als Primärwerte festgesetzt, und es ist schwer zu unterscheiden, wo die wirtschaftliche Notwendigkeit aufhört und die Suggestion beginnt. Die Wertschätzung all jener, die mit der Vermehrung des Geldes zu tun haben, und auch jener, denen es gelungen ist, sich selbst ertragreich zu vermarkten, macht den Wandel in der Statushierarchie sichtbar.

Diese Tendenzen sind nicht unbedingt ein Grund zum Klagen – wenn es schon ein Schicksal geben soll, dann lieber in Gestalt der Wirtschaft als in Form von schlimmeren Kräften. Aber läßt sich die eine Schicksalsmacht durch die andere neutralisieren? Seitdem die „Ökonomie" als Begriff und Sache aus dem Bereich der Hausväterliteratur herausgetreten ist und die Entfaltung des Wirtschaftsdenkens erst über den kameralistischen Fürstenstaat, später über den Nationalstaat als Nationalökonomie sich durchsetzte, kann von einer ruhigstellenden Wirkung der Ökonomie jedenfalls keine Rede sein. Einst allerdings war die Ökonomie Magd im Haus. Jetzt ist sie die Herrin. Rivalitäten, Haß und Neid müßten also auf die Wirtschaft als Referenz rekurrieren, wenn die Wirtschaft Schicksal sein soll. Das wäre dann eine Gesellschaft, die ihre Legitimation im Verbrauch der von ihr hergestellten Waren und Dienstleistungen hat. Frank Knight, die legendäre Figur der „Chicago-Schule", der die klassische Definition des Wettbewerbs lieferte, warnte ausdrücklich vor dem Fehlschluß, daß durch wirtschaftliche Effizienz soziale, religiöse und politische Fragen in der Warenwelt zum Verschwinden gebracht werden könnten – ganz zu schweigen vom globalen Ungleichgewicht. Knight wies nach, daß der Markt keine Eigendynamik zur Balance hat, sondern im Gegenteil Monopole, Kartelle und dergleichen hervorbringt, wenn nicht eine außerhalb stehende Instanz die Voraussetzungen seiner Funktion garantiert und zugleich dem Markt Grenzen setzt.

Diese Mahnung wird heute ungern gehört, und so heißt es: Konsum ist unsere Aufgabe. Arnold Gehlen hat die geschlossene Welt des Konsumismus als Schubumkehr der Moderne prognostiziert: Die Summe der Beschleunigungen führt in immer engere Kreise bis zum Stillstand. Die Entwicklung verläuft vom „Entbehrten" zum „Begehrten", wobei immer mehr Kunst darauf verwandt werden muß, das Begehrenswerte zu schaffen. Es gibt jedenfalls zu denken, daß eine große Katastrophe der Ökonomie in einem Zustand läge, der in den reichen Ländern für manche tatsächlich immer näherrückt: im wunschlosen Glück. So wird man am Ende noch den Mangel selbst produzieren – womit der Rücklauf zur Politik eingeleitet wäre: Die Schicksalspartie beginnt von neuem.

Wolfgang Sandner

Das ungewisse Etwas

Jazzgeschichten: Wie der Marsch ins Stolpern kam

Musik macht bewußt, wie die Zeit vergeht. Vielleicht haben die Ragtime-Pianisten deshalb so viele Synkopen in ihre Kompositionen eingebaut. Sie wollten die Zeit zum Stolpern bringen, daran hindern, kontinuierlich weiterzuticken. Ragged time – zerrissene Zeit. Und am besten konnten sie das tun in jener Form, die den unbedingten Gleichschritt und das unaufhaltsame Vorwärts propagierte: im europäischen Marsch. Der Ragtime war die erste musikalische Auflehnung der Afroamerikaner gegen das europäische Zeitgefühl, Knüppel zwischen marschierende Beine. Viele unter musikalischer Anämie leidende Künstler haben sich von der ästhetischen Bluttransfusion des Ragtime Heilung versprochen. Die Musik des zwanzigsten Jahrhunderts ist voll mit klingenden Grußadressen an die Saboteure des schnurstracks geführten Viervierteltaktes. Claude Debussy fing damit an, Igor Strawinsky reihte sich in die Stafette ein, und Hans Werner Henze war noch lange nicht der Schlußläufer.

Debussy fing damit an? Wer als erster seine europäischen Märsche und Quadrillen mit jener rhythmischen Aura umgab, die den selbstvergessenen Taumel des Jazz ankündigte, wird man kaum ausfindig machen können. Immerhin gibt es einen skurrilen Komponisten, dessen Werke Spurenelemente der neuen Musik enthalten: Louis Moreau Gottschalk. Gottschalk, 1829 in New Orleans geboren, war der erste Amerikaner, den das arrogante Europa als Künstler überhaupt zur Kenntnis nahm. Victor Hugo nannte ihn einen „eloquenten Erzähler“, Chopin machte ihn schon zu seinem Nachfolger als Pianist und Herzensbrecher in den Salons von Paris. Gottschalks Kompositionen müssen mit ihren Habanera- und Cakewalk-Rhythmen für europäische Ohren in der Tat wie musikalisches „chili con carne“ gewirkt haben. Dem Klangsensualisten Hector Berlioz stach in Gottschalks Stücken wie „La Bamboula“ aus dem Jahr 1842 ein „parfum spécial“ in die Nase, ein besonderer Duft, der von den unbekannten afro-karibischen Metren und kreolischen Melodien ausging. „La Bamboula“, die Bambustrommel der Sklaven auf dem Congo Square von New Orleans, besaß einen prähistorischen Jazzduktus, der – in notierter Musik – erst wieder in den Ragtimes des ausgehenden neunzehnten Jahrhunderts auftauchte.

Der Ragtime brachte alle durcheinander, nach ihm wollte keiner mehr geradeaus gehen, das virtuose Hakenschlagen wurde zur Mode. Die torkelnde Phalanx des Ragtime wurde angeführt von Scott Joplin, einem Genie, das zur rechten Zeit kam, um ein musikalisches Feuer zu entfachen, und das zu früh starb, um sich selbst daran wärmen zu können. Im Grunde war Scott Joplin eine tragische Figur: Er hatte etwas freches Neues entdeckt, wollte aber eigentlich etwas seriöses Altes schaffen. Joplin war besessen von dem Gedanken, den Ragtime vom Odium der modischen Tanz- und Salonmusik befreien zu müssen, zur Kunst hochzustemmen.

Hätte er doch dem Charme seiner originellen Rags vertraut und nicht seine Kraft an Konzertwalzer und seine Oper „Treemonisha“ verschwendet, die eine amerikanische Fußnote zur europäischen Musikgeschichte darstellt. Scott Joplin starb in Verbitterung über den Mißerfolg seiner „klassischen Werke“, ohne zu hören, wie sich Amerika mit seinen Rags kollektiv auf die „roaring twenties“ einstimmte. Auf dem alten Kontinent, in Deutschland etwa, interessierte man sich dagegen noch immer für das, was eine Frau im Frühling träumt. Oder man tröstete sich mit Kollos „Warte, warte nur ein Weilchen". Daß sich das Warten nicht lohnt, wußte man damals noch nicht. Von Buddy Bolden, Bunk Johnson, Nick La Rocca, Freddie Keppard oder Joe King Oliver hatte kaum jemand etwas gehört.

Die erste große Persönlichkeit des Jazz aber fand auch in Europa ihr Publikum: Louis Armstrong. Mit Armstrong erhielt der Jazz seine Physiognomie. Denn nicht nur sein Instrument trug Spuren seines Künstlerlebens: Dellen und Schrammen, Narben und Falten, die die Trompete merkwürdig menschlich erscheinen ließen. In das Gesicht des Jazzmusikers Louis Armstrong paßten die Metallformen seiner Instrumente wie kostbare Intarsien. Und wenn er das Horn absetzte, dann war es sichtbar: Satchmo, Satchelmouth, ein Mund, verbeult wie ein alter Schulranzen. Wie Kippen hat er seine Technik in den Straßen von New Orleans aufgelesen: kein Trompetenlehrer der Welt hätte sie akzeptiert, kein Professor diesen Ansatz zur Nachahmung empfohlen. Aber für die Musiker von der erstbesten Ecke bis zum feinsten Ballroom waren Satchmos wetterfester Tonfall, seine kerzengerade Phrasierung, sein Prachtklang und seine melodische Phantasie Maß und Ziel ihrer eigenen Kunst.

Louis Armstrong kam mit dem Jahrhundert zur Welt. Sein Geburtshaus stand in der James Alley, die zwischen den Stadtteilen Perdido und Gravier lag und ehemals als das Schlachtfeld bekannt war, weil sich dort die Fans der verschiedenen New Orleans Brass Bands tätliche Auseinandersetzungen lieferten. Als Louis Armstrong 1971 starb, galt er als der berühmteste Jazzmusiker der Geschichte. Und selbst eine Öffentlichkeit, die sich von dieser Musik nur ein Zerrbild machen wollte, sah in der Neger-Armstrong-Trompete-Konstellation die heilige Dreifaltigkeit des Jazz verkörpert.

Popularität aber kennt ihren Preis. In seinem letzten Lebensjahrzehnt erschöpfte sich der Auftritt von Louis „Satchmo" Armstrong im Schwenken eines riesigen weißen Taschentuchs, das wie eine Fahne der Kapitulation wirkte, im breiten Zahnpasta-Lächeln, vielsagendem Augenrollen, Babedidudap-Gesang und ein paar in den Bühnenhimmel geschickten Vergebungstönen auf der Trompete. Da war er nur noch der Minstrel Man, eine Rolle spielend, die ihm die Gesellschaft aufdrückte: der Jazz als komische Nummer. In den frühen zwanziger Jahren aber konnte kein Musiker Louis Armstrong etwas vor-, höchstens alles nachmachen.

In New Orleans trug der Jazz noch kurze Hosen wie Tom Sawyer, in Chicago und in New York aber trat er schon im Nadelstreifenanzug mit Borsalino auf. Er war erwachsen geworden, seine Interpreten wußten, was gespielt wird. Sie mußten es schon deshalb wissen, weil im Zeitalter der Big Bands, das nun angebrochen war, ein Musiker neuen Typs gebraucht wurde. Im Orchester von Fletcher Henderson etwa, das 1923 in New York gegründet wurde, trieben sich keine Naturburschen wie Freddie Keppard herum, der nicht Noten lesen konnte und bei einem neuen Stück erst einmal so tat, als ob seine Ventile klemmten, daran herumfingerte, das Instrument schüttelte, hindurchspuckte, die ganze Zeit aber zuhörte, wie die anderen Musiker die Melodie einübten, um beim zweiten Durchgang dann fehlerlos mitzuspielen. Bei Fletcher Henderson saßen ausgebildete Musiker, die sich einem Gesamtklang unterordnen konnten, keine volkstümlichen Stegreifkünstler.

Je mehr sich die großen Swing-Orchester aber wie gut geölte Maschinen anhörten, desto größer wurde auch das Bedürfnis nach einem kleinen musikalischen Schluckauf, einem persönlichen Hauch durch die Fis-Klappe eines Alt-Saxophons. Nicht von ungefähr brach im Swing die Zeit der großen Jazz-Solisten an, von Lester Young und Coleman

William Claxton, Am Times Square, New York City, 1960

Hawkins, Erroll Garner und Harry James, von Benny Goodman, Lionel Hampton und Buck Clayton. Doch das schönste Saxophonsolo über „Body and Soul“, der ekstatischste Schlagzeugchorus in „Sing, Sing, Sing“, das kunstvollste Klangfarbenarrangement für „Mood Indigo“ oder der rollendste Boogie-Rhythmus für „One O'Clock Jump“ halfen nichts. Der Jazz wurde immer populärer und immer kalkulierbarer: Musik von der Stange. Dem schoben die Revoluzzer des Bebop in Minton's Playhouse erst einmal einen Riegel vor.

In Harlems Kellerlokalen bei den „after hour sessions“ kamen nicht ein paar Rebellen zusammen, um ein Dokument oder ein Zehn-Punkte-Programm zu unterzeichnen. Der Bebop hatte – wie der Jazz überhaupt – eine unmerkliche, wenn auch keine schmerzfreie Geburt. Was in jener Zeit während des Zweiten Weltkriegs – wegen des allgemeinen Schallplattenverbots in Amerika kaum dokumentiert – wirklich geschah, läßt sich wohl nur noch mythisch verklären. Aber wie die Musik auf die Zeitgenossen wirkte, kann man an den vielen Häresie-Vorwürfen damaliger Kritik ablesen.

Bebop sei nichts als eine kapriziöse und neurotische Sequenz von Effekten um ihrer selbst willen, lautete das gängige Urteil. Als ob das bedenkenlose musikalische Siebdruckverfahren in den Swing-Bands der Vorwurf nicht viel eher träfe. Was die Bebopper wollten, hat Charlie Parker in einem Interview 1949 erklärt: „They teach you there's a boundary line to music, but, man, there's no boundary line to art." Parkers Allerweltssatz über die Grenzenlosigkeit von Kunst markiert für den Jazz einen Einschnitt. Jazz als Kunstform, der Jazzmusiker als autonomer Künstler, das sind Vorstellungen, die erst zu dieser Zeit Mitte der vierziger Jahre aufgekommen sind. Die sogenannten Bebop-Verrücktheiten – Improvisationen bis zur Bewußtlosigkeit, Einsätze nach Belieben, tonale Schwebezustände, rhythmische Zwickmühlen und ja keine Eselsbrücken – waren Gegenpositionen zur platten Funktionalität des Big Band-Sounds, zum technischen Schliff des „Commercial Jazz". Musiker wie Charlie Parker oder Thelonious Monk waren notorisch unangepaßt, immer am Rande einer sanften Form von Wahnsinn sich bewegend. Der idealistischen Maxime, Kunst komme von Können, hatten sie sich nie verpflichtet. Sie hielten es mehr mit Arnold Schönbergs Anspruch, Kunst komme nicht von Können, sondern von Müssen.

Was waren denn nun die Kennzeichen des Jazz? Dazu fiel seit dem Bebop immer mehr Leuten immer weniger ein. Denn nicht einmal mit dem Hinweis auf Duke Ellingtons mystisches „It don't mean a thing if it ain't got that swing" konnte man dem modernen Jazz noch imponieren. Als der Bebop aufkam, standen die Füße still. Ob das am Jazz und seinen Musikern lag oder doch eher an den Zuhörern? Für

LeRoi Jones stand fest, wer da zurückgeblieben war: „Es gibt da im Augenblick eine kleine Gruppe von Klubhabitués, die herumposaunt, sie könne zu dieser Musik die Finger nicht schnalzen. Dazu sage ich: Mit euren Fingern muß was nicht in Ordnung sein."

Immerhin: beim Bebop konnte man noch außer sich geraten. Zum Cool Jazz aber, der wie eine Rippe aus dem Bebop genommen wurde, konnte man nun wirklich überhaupt nichts mehr tun, nicht mehr in Ekstase geraten, nicht mehr verrückt spielen, nur noch in die Struktur der Musik hineinhören. Freilich gebärdete sich gerade der Cool Jazz nicht lediglich als ein musikalischer Ausdruck. War er eine stilistische Annäherung an Europa? Radikale Umdenker wie LeRoi Jones verstanden den Begriff ganz anders: „Cool zu sein, hieß in seiner verständlichsten Bedeutung, ruhig, ja unbeeindruckt zu sein bei allem Schrecklichen, das täglich passieren kann. In gewissem Sinn ist diese ruhige, stoische Unterdrückung des Leidens so alt wie der Eintritt des Negers in die Sklavengesellschaft. Vielleicht hat seine Flexibilität den Neger überleben lassen, seine Fähigkeit, cool zu sein – ruhig, unbeeindruckt, detachiert."

Bebop und Cool waren die ersten Jazzformen, die nicht mehr allgemein „verstanden" wurden, die sich einer ästhetischen Geheimsprache bedienten. Gut fünfzehn Jahre später war die zweite, die Oktoberrevolution des Jazz fällig, und wieder war sie eingebettet in den größeren Rahmen einer Bewegung. Die in den Himmel gereckte, schwarz gelederte Faust und die Überblas-Orgien des Saxophons wurden als zwei Möglichkeiten einer gemeinsamen kulturellen Unabhängigkeitserklärung interpretiert. Wiederum zwei Jahrzehnte später hat sich auch diese Bewegung zum Stil relativiert, wobei der Begriff „Jazz" immer mehr abhanden kommt. Im Gewirr der Formenvielfalt vom Neo-Bebop zum Punkjazz läßt sich nur mehr mit einem Kompaß von John

Cage Orientierung finden: „Falls sich jemand als Beschützer des Wortes Jazz fühlt, schütze er es und suche ein anderes Wort für alles Übrige, was durch die Ohren eindringt.“ Das ist inzwischen eine ganze Menge.

DONATA ELSCHENBROICH

Das Kind als Modell

Das heillose Jahrhundert vergötterte ein Bild erlöster Kindheit und endet mit einem Zögern

„Jahrhundert des Kindes" ist keine nachträgliche Formulierung im Jubiläumsrückblick. Es war ein Programm, ausgerufen zum Beginn des zwanzigsten Jahrhunderts. Ein „Jahrhundert des Kindes" – der italienische König soll es bei seiner Thronbesteigung im Jahr 1900 gefordert haben, ähnlich wie die Dänin Ellen Key in ihrem gleichnamigen Buch (1902), das sofort, in viele Sprachen übersetzt, ein großer Erfolg wurde, den Zukunftshoffnungen ein Stichwort liefernd. Konnte, wollte man damals noch ein Jahrhundert vorausdenken? „Die Zeit wird kommen, in der das Kind als heilig angesehen wird", schreibt Ellen Key. Rainer Maria Rilke stimmt in seiner Rezension 1902 sofort und begeistert zu: „Das Jahrhundert wird zu den größten gehören, wenn dieser Traum, in seinen ersten Tagen geträumt, in seinen letzten einmal in Erfüllung geht ... freie Kinder zu schaffen, wird die vornehmste Aufgabe dieses Jahrhunderts sein." Immer wieder durch dieses Jahrhundert die Kindheitserhöhung, diese Erlösungshoffnung. Maria Montessori: „Das Kind, der einzige Messias, der immer wieder unter die Menschen zurückkehrt, um sie ins Himmelreich zurückzuführen."

Acht Jahrzehnte später schreibt Peter Handke in der „Kindergeschichte": „Hinter den babyhaften Zügen das erleuchtete allwissende Antlitz ... die Augen der Kinder im Gedränge – sieh sie dir an! – sie überliefern den ewigen Geist. Wehe dir, der du diesen Blick versäumst." Das Jahrhundert beginnt materiell mit einem raschen Rückgang der Kindersterblichkeit und geistig mit einer fast plötzlichen Besetzung des Themas Kindheit mit existentiellem Ernst: in der Literatur, in der Kunst, in den Wissenschaften. Was war in der Kindheit, fragte auch die Psychoanalyse. Das Jahrhundert endet in Deutschland materiell mit einem historischen Höchststand an Aufwendungen staatlicher und privater Ressourcen für die Nachwachsenden und geistig mit einem allgemein hohen Wissensstand über das Kind. Aber es endet auch materiell mit einer auf den Kopf gestellten Bevölkerungspyramide und geistig mit einer pessimistischen Sicht auf die Zukunft der Kinder. Während die Erwachsenen am Jahrhundertanfang sich unter ungleich schlechteren Bedingungen in eine sie alle befreiende Kinderwelt träumten, kann man zu seinem Ende die 250 Millionen Kinder nicht mehr übersehen, die in den armen Ländern für ihr bloßes Überleben arbeiten.

Wie könnte dieses Jahrhundert, unvorhersehbar wie kein anderes zuvor, durch alle Brüche hindurch als Einheit gesehen werden? In seiner Perspektive auf das Kind, in seinen Bildern vom Kind?

Die Fotografien, die das Jahrhundert hinterlassen hat, als Spuren der Wirklichkeit von Kindern auf der Fotoschicht, scheinen zunächst einer einheitlichen Erfahrung von „Kindheit" zu widersprechen. Da gibt es eine große kulturelle Bandbreite der Kindheiten. Landkinder um 1900, das sind Kinder, wie sie jahrhundertelang waren, Kinder in abgelegten Sonntagskleidern, Erwachsenen-Kleidern, Kinder ohne Spielzeug, unfertige Menschen, die man noch ein paar Jahre füttern muß. Kinder, auch Landkinder, um 2000, das sind Kinder wie im Hauptberuf, Kinder als Kunden, in Kinderzimmern zwischen Kinderbüchern und kindgerechter Software, umsorgt und verplant bis nahe ans dreißigste Lebensjahr.

Kinder wurden in diesem Jahrhundert, das auch ein Jahrhundert des Bildes war, fotografiert wie wenig anderes. Fotografien sind nicht nur objektive Dokumente einer Sozialgeschichte der Kindheit, sie sind auch subjektive Zeugnisse der inneren Bilder von Kindheit und der Selbstbilder der Erwachsenen. Und da, in den Erlösungshoffnungen der Erwachsenen, nicht in einer Sozialgeschichte der Kindheit, finden wir etwas wie eine einheitliche Perspektive. „An Euren Kindern sollt ihr gut machen, daß ihr eurer Väter Kinder seid: alles Vergangene sollt ihr so erlösen!" heißt es bei Nietzsche. Auf dieses Projekt ist das Jahrhundert immer wieder zurückgekommen: das Kind als Modell der Befreiung aus den Zwängen des Erwachsenenlebens, aus einem versteinerten sozialen Status „Erwachsener", wie er sich parallel zum sozialen Status „Kind" herausgebildet hatte. Am Kind genesen wollen, an seinem Beispiel eine sekundäre Daseinsfreude, Körpernähe, Spontaneität zu suchen – eine in manchen Epochen radikal ausgesetzte Suche, dann doch immer wieder neu aufgenommen –, in diesem Sinn wurde das zwanzigste tatsächlich zu einem „Jahrhundert des Kindes".

Da ist zunächst der bildmächtige Auftakt der Lebensreformer um die Jahrhundertwende. In den – noch unbewegten – Bildern werden befreite Kinderkörper inszeniert, nackt, in fließender Bewegung, in „freier Natur", ihre Nacktheit ein Götterfunken. Die neue körperliche Kindheitsnähe einer bürgerlichen Oberschicht sickert in die alltägliche bürgerliche Lebenswelt ein und beginnt allmählich das alte Ideal der Knaben-Männlichkeit und der Mädchen-Selbstunterdrückung zu verdrängen. In den zwanziger Jahren werden die Kinder zum Motiv des sozialen Protests, sie werden in der Reformpädagogik Vorhut der Selbstbefreiung aus ökonomischer und bürgerlich-moralischer Unterdrückung. Die Kindheitsbilder der Nationalsozialisten haben die Zivilisations-

und Entfremdungskritik der zwanziger Jahre übernommen, aber aus ihnen spricht die Angst vor der Auflösung der Halt gebenden Werte Männlichkeit, Gehorsam, Führung. Auch der Faschismus hat Kindheit und Jugend vergöttert, aber nicht als Eigenwert und Lebensideal für die Erwachsenen, sondern als Mittel zum Zweck: eines starken und fügsamen Volkes. Die DDR wird an dieses Kindheits- und Jugendideal anschließen, wird Kindheit und Jugend erhöhen, aber auch hier nicht um ihrer selbst willen und schon gar nicht als Modell für Erwachsene, sondern weil aus den Heranwachsenden erst etwas werden soll: der sozialistische Mensch, der sozialistische Staat. Der letzte große Kindheitsaufbruch dieses Jahrhunderts – im Sinne des Projekts Kindheit – dann in der Bundesrepublik der 68er Jahre: Verändert die Welt, beginnt bei den Kindern, aber begleicht dabei auch eure eigenen Rechnungen.

Kindheit war „der Traum, alles verwirklichen zu können" (Paul Klee 1902). Welches seiner Ziele hat das Jahrhundert des Kindes verwirklicht? Die Verwischung der Grenzen zur Kindheit prägt heute das Leben aller Schichten: in der Mode, im Körperverhalten, dem Sport, beim Konsum, beim Erlebnis, beim Lernen und bei der Selbstverwirklichung. Die am Jahrhundertanfang sehnsüchtig bewunderte Kindlichkeit ist zum Jahrhundertende ins Erwachsenenleben eingezogen und bestimmt Rollenverhalten und Freizeitverhalten. Erwachsene, die sich zu Anfang des Jahrhunderts nicht ohne Hut auf die Straße trauten, hat dieses Jahrhundert gründlich zur Kindheit befreit – in kindnahen Erlebnis- und Freizeitwelten, „Lebensabschnittswelten". Und während die Leitbilder der Erwachsenen sich an Themen und Ästhetik des Kindlichen ausgerichtet haben, hat das Kindliche die Aura des ganz anderen, des Fremden und Unwiederbringlichen, des Göttlichen und Geheimnisvollen verloren. Die Kinder sehen dieselben Fernsehprogramme, bedienen dieselben Computer, stehen in derselben Konkurrenz, von der Markenkleidung bis zum schulischen und außerschulischen Wettbewerb im globalen Dorf. Wenn die Erwachsenen am Ende des Jahrhunderts über die Mauer der Kindheit schauen, sehen sie nicht mehr das ganz andere, das Reich des Messias, des Heils und der Erlösung wie Ellen Key oder Rilke oder Handke. Das Erwachsenenleben steht nicht mehr einem fernen und unerreichbaren Kinderleben gegenüber. Hundert Jahre hat das Kind Modell gestanden für ein kindheitsnäheres Leben – beider, der Kinder und der Erwachsenen. Beide, Erwachsene und Kinder, sind durch das Jahrhundert gegangen, und beide haben sich dabei verändert. In diesem Sinn kann man sagen, es hat sich erfüllt, es wurde tatsächlich ein Jahrhundert des Kindes.

Das Kind als Modell für den besseren Erwachsenen – wer das entwirft, will noch genauer wissen, wie Kinder sind. Das Kind wurde erforscht, die Kinderwissenschaften haben geblüht in diesem Jahrhundert. Die Selbstbilder der Erwachsenen haben sich dabei gewandelt, ihre Kindheitsbilder und Erziehungsbilder mit ihnen.

„Verstehen“ wir deshalb Kinder heute „besser“? In der wissenschaftlichen Beschäftigung mit Kindern versucht man heute, „die Perspektive des Kindes“ einzunehmen, etwa wenn immer jüngere Kinder in sozialwissenschaftlichen Surveys interviewt werden. Aber Kinder sind nicht die einzig wahren Informanten ihrer selbst. Und auch die zum Ende dieses Jahrhunderts verbreitete Sicht auf Kinder als „Konstrukteure ihrer eigenen Entwicklung“, mit eigenen Rechten ausgestattet, die Unterstellung, daß Kinder vor allem „eigenaktiv“ sein wollen, „selbstwirksam“, „selbstbildend“ – auch das ist wieder Ausdruck eines Kindheitsbildes von Erwachsenen. Es kann nichts anders sein. Auch wir können nicht durch unser Bild hindurch in die Wirklichkeit springen. Spätere Generationen werden das deutlicher charakterisieren können als wir Zeitgenossen. Es gibt gewiß Anzeichen dafür, daß Kinder Selbsttätigkeit suchen, und es gibt nach dem Verlauf dieses Jahrhunderts gute Gründe, warum man sie darin bestärken will. Aber auch dieses Programm setzt innere Bilder um, mit denen Erwachsene Kindern begegnen. Diese Erkenntnis und den Wunsch, Kinder nicht mit unaufgelösten Selbstbildern zu belasten – ein pädagogisches Zögern – schulden wir dem Jahrhundert des Kindes. Es hat für den Umgang mit inneren Bildern der Kindheit unendlich viele Anregungen, Beispiele, Irrwege und Traumstraßen hinterlassen.

Christoph Conrad

Ja, nein, Ich weiß nicht

Im Datenspiegel: Meinungsforschung und Demokratie

Wenn am frühen Abend das Telefon läutet und sich eine junge Stimme nach den Wahlabsichten am nächsten Sonntag erkundigt, hat man für einen Moment beinahe so viel Meinungsmacht wie ein Bundestagsabgeordneter. Euphorie über die plötzliche Ermächtigung ist jedoch unbegründet: Die Kombination von Wahrscheinlichkeitsrechnung und standardisiertem Fragebogen macht den $^1/_{1000}$ oder $^1/_{2000}$ Anteil am Gesamtwillen der Bevölkerung zu einer stumpfen Waffe. Es ändert kaum etwas, wenn man den Hörer nicht abhebt und stattdessen der nächsten Nummer auf der Zufallsliste eine Chance gibt. Würde man dagegen sein virtuelles Paket von mehreren zehntausend Wählerstimmen für die Berufung von Verona Feldbusch zur Bundesbildungsministerin einsetzen, erreichte man nicht mehr, als sanft in die Kategorie der „Sonstigen" abgeschoben zu werden.

Immerhin war bis 1991 bereits mehr als jeder dritte erwachsene Einwohner der Bundesrepublik von Meinungsforschern interviewt worden, wie wiederum eine Umfrage des Instituts für Demoskopie Allensbach herausfand. Der Optimismus der Protagonisten und die schon früh geäußerte Befürchtung zahlreicher Skeptiker, daß die repräsentative Demokratie durch tägliche Plebiszite unterfüttert werde, sind Wirklichkeit geworden. Niemand kann mehr etwas meinen, ohne davon zu wissen, was der Querschnitt der Bevölkerung meint.

In den dreißiger Jahren beginnt die Meinungsforschung ihren Siegeszug in der westlichen Welt – und nicht nur da. Die Befragung repräsentativer Stichproben der Bevölkerung mittels standardisierter Fragebögen diente zunächst dazu, die Vorlieben von Konsumenten und die Mediennutzung von Zeitungslesern und Radiohörern zu erkunden. Als erste haben in den Vereinigten Staaten die drei Institutsgründer George Gallup, Elmo Roper und Archibald Crossley unabhängig voneinander die neuen Methoden auf die Erfassung politischer Meinungen und die Vorhersage von Wahlen angewandt. Das gerade entstehende Milieu wurde durch den emigrierten Wiener Statistiker Paul Lazarsfeld verstärkt, der an der Columbia University zu ihrem Methoden-Papst aufsteigen sollte. Noch in Wien hatte er mit Umfragen zu Kosmetikartikeln und dem neuen Radioprogramm begonnen, und auch später war er sich nicht zu schade für Marktforschung.

Gallup, dessen Name bald zum Synonym für die Methode insgesamt wird, hatte sein Handwerk in der in den zwanziger Jahren entstehenden Presseforschung gelernt. In welchem Maße der Leser ein unbekanntes Wesen war, erinnerte Gallup später gern: So konnten die Forscher den ahnungslosen Zeitungsmachern mitteilen, daß die Käufer ihre Blätter von hinten zu lesen anfingen. Statt des Leitartikels verschlangen sechzig bis siebzig Prozent von ihnen zuerst die Comic Strips, die von den Redaktionen bisher als Zugabe für die Kinder angesehen wurden.

Elisabeth Noelle lernte 1937/38 als Austauschstudentin in Missouri diese Verfahren kennen. Sie beschrieb die Methoden und viele solcher Befunde detailliert in ihrer 1940 angenommenen Dissertation, deren Publikation im gleichen Jahr beachtlichen Absatz fand. Während sie den Machthabern des heimischen Reiches die Übernahme dieser amerikanischen Instrumente der Konsenskontrolle empfahl, hatte sie doch vorher auf Seite um Seite beschrieben, wie tief die Wahlverwandtschaft zwischen der US-amerikanischen Demokratie und dem direkten Appell an individuelle Präferenzen war.

Von Beginn an ist der Umfrageforschung eine Theorie der Demokratie eingeschrieben, die sich deutlicher in ihren Vorannahmen und ihrer Untersuchungspraxis als in ihrer tönenden Selbstbeschreibung entziffern läßt. Ihr eingebautes Modell demokratischer Repräsentation ist dreifach: Die Meinungsforschung sucht den Bürger als Konsumenten auf; sie schließt private Auffassungen und Vorlieben mit der Öffentlichkeit kurz; sie kann nach Rousseaus Unterscheidung nur die „volonté de tous" abhören und ist taub gegenüber der „volonté générale". Kunde, Mediennutzer und Wähler verschmelzen zu einer Figur. Sie trifft Auswahlentscheidungen, beobachtet und vergleicht eigene mit fremden Präferenzen und gibt Auskunft darüber.

Dagegen sehen sich die Demoskopen selbst gern auf der Jagd nach einem obskuren Objekt der Begierde: der öffentlichen Meinung. Je geringer der Konsens über die Definition dieses Phänomens ist, desto raffinierter werden die Instrumente, um ihm nachzuspüren. Als Spiegel der öffentlichen Meinung will die Demoskopie den Finger an den Puls der Demokratie legen; auch Barometer, Seismograph oder Röntgenbild sind als Metaphern beliebt.

Die Vertreter der Zunft haben es deshalb Pierre Bourdieu nie verziehen, daß er als akademischer Soziologe ihnen in die Parade fuhr: Die öffentliche Meinung existiert nicht, so erklärte er 1972 einer Versammlung konsternierter Demoskopen – oder Doxosophen, wie er sie süß-säuerlich nannte. Vielmehr sei öffentliche Meinung ein Konstrukt, das durch die Operationen der Interviewer und die Verbreitung ihrer Ergebnisse erst erzeugt würde. Die Äußerung einer Meinung sei eine soziale Kompetenz, die in der Bevölkerung extrem ungleich verteilt sei. Die Meinungsforschung spiele das Spiel der Medien und der politischen Klasse – so polemisierte Bourdieu –, indem sie auf die dort vorformulierten Fragestellungen standardisierte Antworten liefere. Was im Rückblick wie ein recht pragmatisch argumentierter Vorschlag anmutet, die Praxis der Umfrageforschung konstruktivistisch zu verstehen, stieß auf bittere Abwehr. Es ging eindeutig um Definitionsmacht: Wer versteht das „Volk" richtiger, die kommerziellen Institute oder die kritische Universitätssoziologie? Im Gegenzug zweifelten die Meinungsforscher und ihre politologischen Verbündeten das Demokratieverständnis der Kritiker an.

Zur Erfolgsgeschichte der politischen Meinungsforschung gehört das selbstbewußte Marketing ihrer Verbindung mit Demokratie und Wissenschaft. Umfragen und die Verbreitung ihrer Ergebnisse seien selbst ein Instrument der Demokratisierung, so wurde George Gallup nicht müde zu behaupten. Ganz ähnlich argumentierten die Sozialwissenschaftler, die im Auftrag der westlichen Alliierten die Meinungsforschung im besetzten Deutschland aufbauten. Zunächst ging es ihnen dabei darum, kontinuierlich die Mentalität und Moral der deutschen Bevölkerung zu überwachen. Die Fragen gingen hauptsächlich in die Richtung: Wie nazistisch war die Bevölkerung noch eingestellt? Und wie nahmen sie die Besatzungs- und Umerziehungspolitik der Alliierten an? Die Antworten waren dazu angetan, einigen Bedarf an „reeducation" anzuerkennen. Zwischen November 1945 und Januar 1949 stieg etwa der Anteil der im Auftrag der OMGUS Befragten, die meinten, daß der Nationalsozialismus eine gute Idee gewesen sei, die nur schlecht ausgeführt worden wäre, stetig auf zirka 55 Prozent an.

Die Alliierten wirkten darauf hin, daß in ihren Zonen Umfrageinstitute entstanden, die dann die Dauerbeobachtung der Trizonesier sicherstellen konnten. Insbesondere die

Im blinden Vertrauen auf die Meinungsforschung hat eine Zeitung Thomas Dewey zum Wahlsieger erklärt: Harry Truman lachte als letzter

Amerikaner sorgten dafür, daß die OMGUS und nach 1949 die Hohe Kommission erhebliche Finanzmittel zur Durchführung und Förderung von Umfrageforschung bereitstellten; sie schickten auch deutsche Sozialforscher zur Ausbildung in die Vereinigten Staaten. Der Kopf hinter dieser Förderpolitik, Leo Crespi, machte kein Hehl aus der missionarischen Verknüpfung von Verwissenschaftlichung und Demokratisierung.

Das Design der Untersuchung, die Interviewsituation, die Hypothesen der Auswertung, die Verwendung, eventuell Veröffentlichung der Ergebnisse – all das ist in intimer Weise mit dem Verständnis moderner Gesellschaften verbunden. Es geht darum, ihre einzelnen Mitglieder mit den Massenmedien, dem Massenkonsum, der Massendemokratie zu verkoppeln. Feedback brauchen alle diese Systeme, der Beobachtung der sie beobachtenden Bürger und Bürgerinnen müssen sie sich über kurz oder lang widmen. Sicher, linke Parteien und konservative Zeitungen kommen oft lange ohne eine Befragung ihrer Anhänger oder Leser aus: Sie wissen ja schon, was gut für das Volk ist.

Daß einige der frühesten Umfragen bei Radiohörern durchgeführt wurden, war kein Zufall. Der Hörfunk ist als Massenmedium funktional auf eine eigenständige, außer ihm selbst liegende Technik zur Erzeugung von Feedback angewiesen. Es sendet Botschaften und kann nicht wissen, ob und wie sie bei einem Empfänger ankommen. Das Medium hat kein Sensorium, um – in Albert O. Hirschmans Worten – „exit" oder „loyalty" wahrzunehmen. Allenfalls bekommt es „voice" zu spüren, wenn es Zuschriften von Hörern erhält oder Kritiken in anderen Medien wahrnimmt. Besonders gravierend ist dies, wenn ein Radiosender gewinnorientiert arbeitet, denn ihm fehlen die Signale des Marktes: Absatzzahlen, Käuferbewegungen und Preise gehen ihm als Basisinformationen über seine Umwelt ab, wenn man einmal von den Geräten selber absieht.

Nicht daß das gewonnene Wissen direkt in Politik oder – je nach Auftraggeber – in PR-Strategien, Programmgestaltung oder Produktentwicklung umgesetzt wird. Oftmals will man die Verteilung der Bevölkerungsmeinungen nur kennen, um sie besser ignorieren zu können. Konrad Adenauer hatte als Bundeskanzler frühzeitig die Bedeutung solcher Feedback-Instrumente für die Absicherung des Regierungshandelns gesehen. Besonders die Unübersichtlichkeit der Fronten von Befürwortern und Gegnern der Remilitarisierung der Bundesrepublik veranlaßte ihn, die Angebote zur kontinuierlichen Berichterstattung über die Stimmungen der Bevölkerung seitens der Demoskopen anzunehmen. Von November 1950 an liefen die Verträge mit den konkurrierenden Instituten EMNID und Allensbach, wobei die Demoskopen vom Bodensee in den kommenden Jahren den Löwenanteil des Etats für Meinungsforschung beim Bundespresseamt erhielten.

Unbeeindruckt von den hohen Ablehnungsraten bereitete Adenauer Schritt für Schritt die Wiederbewaffnung vor und bearbeitete die Öffentlichkeit. Seit 1952 zeigten die Kurven, daß der Widerstand nachließ, aber erst seit Sommer 1953 hatten sich Befürworter und Gegner auf jeweils etwa ein Drittel der Befragten eingependelt. Die „Stimmung im Bundesgebiet", die Allensbach monatlich lieferte, kam weiterhin auf den Schreibtisch des Kanzlers. Schon früh im Vergleich etwa zu Frankreich war eine Situation erreicht, die der Chef von EMNID, Freiherr von Stackelberg, 1955 so charakterisierte: „Die Führung eines modernen Staates, der sich heute selbstverständlich der Meinungsforschung bedient, unterscheidet sich ... nicht wesentlich von dem Informationsbedürfnis eines großen Industrieunternehmens, das sich durch Marktforschung unterrichtet."

Die Aufbereitung individueller Einstellungen und Äußerungen, die ohne das Umfrageverfahren nicht außerhalb des Familien- und Bekanntenkreises dringen würden, weist immer wieder auf den Ursprung dieses Willens zum Wissen in der kommerziell motivierten Erkundung von Kundenwünschen hin. Gerade für die banalsten Themen gibt es Interessenten. Unter den Allensbach-Untersuchungen finden sich etwa solche über „Gedanken vor dem Einschlafen" (in zwei Bänden vom September 1949), die Glatzebildung beim Manne (August 1952) oder das Image der dicken Frau (März 1966). Auch die Froschkönig-Serie der Wohlfahrtsmarken 1966–67 wurde einer harten Erfolgskontrolle unterzogen.

Der Reichtum an Daten verführt auch hinterher noch zur Analyse: Wirkte auch bei diesen Themen die Schweigespirale? Drückten die Lockenköpfe und Twiggy-Gestalten der sechziger Jahre die Kahlen und Fülligen in die argumentative Isolation? Wie schneidet Rotkäppchen gegenüber dem Froschkönig auf der philatelistischen Beliebtheitsskala ab? Warum ruft einen niemand an, der solche Fragen stellt?

Rose-Maria Gropp

Frauen zu Hörerinnen

Studieren gegen Natur- und Kulturvorbehalt: Die Universität und die ersten Studentinnen

„Aber der schrecklichste der Schrecken ist die Wissenschaftlichkeit der Weiber": dunkle Ahnung des Georg Lasson, Herausgeber von Hegels Werken, auf Anfrage 1897. Zu spät. Es war im Sommersemester 1900, als sich im Deutschen Reich zum ersten Mal Frauen an einer Universität immatrikulieren durften. Das Großherzogtum Baden schritt voran mit seinen ehrwürdigen Universitäten Freiburg und Heidelberg. In Bayern fiel die „alte Zwingburg des Männerstaates" im Wintersemester 1903/04; Preußen kapitulierte 1908/09, ein Jahr später als letzte Nachhut das Großherzogtum Mecklenburg-Schwerin. Das übrige Europa war da längst weiter. Die Universitäten von Bordeaux, Lyon, Marseille, Paris und Toulouse hatten ihre Pforten den Frauen schon 1863 geöffnet, gefolgt von der Schweiz zwischen 1864 und 1890. Österreich war immerhin 1897 bereit.

Das Deutsche Reich brütete derweil also über der Frauenfrage an dieser Front. In den sechziger Jahren des neunzehnten Jahrhunderts schon hatte Wilhelm Heinrich Riehl seine „Naturgeschichte des Volkes" geschrieben. Zum Volk gehören nolens volens auch die Frauen, und über sie wußte Riehl Bescheid, noch 1924 nachzulesen in einer für die Schule bearbeiteten Fassung des dritten Teils seines Werks über „Die Familie", wo es im Kapitel „Mann und Weib" unter der Rubrik „Die soziale Ungleichheit als Naturgesetz" heißt: „Die weiblichen Demagogen sind gebildete Frauen, Blaustrümpfe, die ihr Geschlecht verleugnen, vornehme Damen, die monatelang in den Logen der Parlamente zuhörten, weil sie zu Hause nichts zu thun hatten. Eine Frau, die an die Gleichstellung ihres Geschlechtes mit den Männern denkt, muß bereits sehr viele verworrene Bücher gelesen haben. Von selber verfällt eine deutsche Frau noch nicht auf den Gedanken der ‚Emancipation der Frauen'. Die wenigsten Frauen verstehen den Sinn dieser Theorie; die ganz wenigen aber, welche selbige verstehen, haben sie mißverstanden."

Vielleicht hat Riehl Hegel gelesen, dessen letzte Worte angeblich lauteten: „Keiner hat mich verstanden; und der einzige, der mich verstanden hat, hat mich mißverstanden." Jedenfalls hatte Riehl die Gefahr erkannt: Die unverheirateten Töchter des Bürgertums, denen praktisch keine Bildungswege offenstanden, waren unterzubringen. Die bürgerliche Frauenbewegung – gelobt sei Helene Lange dafür – machte unbeirrt publizistischen Druck, was dieses ihr Lieblingsthema betraf. Es gab unübersehbar Beispiele von Pionierinnen, die nicht rite eingeschrieben waren, sondern sich in einem rechtlich ungeklärten Status als Hörerinnen durchgekämpft hatten. Endlich wurde Deutschland mit seiner anachronistischen Position langsam überfällig, wobei sich die ersten Töchter auf dem Weg zum Abitur 1896 tatsächlich der Unterstützung des Kaiserhauses erfreuten.

Denn vor allem war man auf deutschem Boden weiterhin nachgerade hingebungsvoll damit beschäftigt, dingfest zu machen, was Weiblichkeit sei, den weiblichen „Geschlechtscharakter" zu ergründen, Geschlecht und Kultur zu sortieren. Auf der einen Seite ergab sich, mit dem Etikett „Geist" versehen – samt solcher Zutaten wie Standfestigkeit, Schöpferkraft, Verständnisfähigkeit für Abstraktion und Theorie –, das Männliche. Auf der anderen Seite lauerte, in derselben Kombination von Geschlecht und Kultur, das Leibliche und alle seine wohlbekannten Verwicklungen als weiblich. Bestimmung und Sitte waren beliebte Codeworte, die Ordnung aufrechtzuerhalten.

Zum diskursiven Leitfossil avancierte die Physiologie im späteren neunzehnten Jahrhundert, die den systematischen Platz der – gleichsam vernaturwissenschaftlichten – Natur einnahm. Die Physiologie wurde zur härtesten Nuß für die Frauen, die ante portas der Universitäten standen. Zumal deren höhere Mädchenbildung folgerichtig auf haushälterische Tugenden und solche der Reproduktion, mitnichten aber auf intellektuelle Durchdringung ausgerichtet war – eine Doppelfalle: Die daraus entstehenden Nachteile der jungen Frauen untermauerten nur die bestehenden Vorurteile über ihren mangelnden Geist. Durchaus gemäßigt, dabei eminent effizient trat die bürgerliche Frauenbewegung an. Der „Allgemeine Deutsche Frauenverein" formulierte schon 1865 als § 1 seiner Statuten seine Aufgabe, „für die erhöhte Bildung des weiblichen Geschlechts und die Befreiung der weiblichen Arbeit von allen ihrer Entfaltung entgegenstehenden Hindernissen mit vereinten Kräften zu wirken".

Arg nämlich war die physiologische Schraubzwinge, und wahre Connaisseure drehten an ihr herum, wie Karl von Bardeleben, Professor der Anatomie an der Universität Jena, der an der Schwelle zur letzten Jahrhundertwende in Arthur Kirchhoffs zwischenzeitlich zu tragikomischer Berühmtheit gelangten Sammelschrift „Die akademische Frau" verlautbarte: „Schon bei dem heutigen weiblichen Unterricht in den höheren Töchterschulen wird zu viel gesessen, so daß schädliche Einwirkungen auf vor allem die Unterleibsorgane als etwas Alltägliches vorkommen. Wie würde das bei ernsterem Studium auf der Universität erst werden."

Schlingernd wahrhaftig und von einiger Inkonsistenz angekränkelt wird auf dem Feld der Physiologie die Schlacht darum geschlagen, ob die Frauen nun von Natur aus so ner-

Medizinstudentinnen bei der Schädelmessung

vös sind, daß sie nicht studieren können, oder ob die Frauen dann erst nervös werden, wenn sie ihren „natürlichen Beruf" mißachten und welcher geistigen Berufung auch immer folgen: Macht die Frauen nun die Natur oder die Kultur verrückt?

Das ist einem jungen akademischen Lehrer aus Heidelberg im Jahr 1912 – also nachdem das Malheur schon längst passiert war – alles eins; er geht aufs Ganze: „Das Wesen der Universitäten und das Studium der Frauen" – welch apartes Doppelgesicht des Genitivs – stehen für ihn zur Disposition, und in seinen Befürchtungen grinst noch das Satyrspiel einer langen Tradition, feixt wohl auch schon das Vorspiel eines ganz anderen Schlachtfelds, das dem Mann seinen wahren Gegner, den Mann eben, zurückgeben wird. Arnold Ruge sieht im Weibe – in einer Suada, die Antisemitismus und Ablehnung der Gleichberechtigung aufs Übelste amalgamiert – den „inneren Feind“ der Universität, „mit dem sich die zersetzenden Elemente verbinden, während wir drohend und laut gegen äußere Feinde rüsten“: „Verunreinigung“ der Wissenschaft durch die Frauen ist das Ergebnis; schon tragen die Universitäten den „Kainstempel der Verweichlichung und inneren Verrottung an der Stirne“.

In der Tat, so sollte es glücklicherweise kommen – begleitet von einer Legion Karikaturen über die Studentinnen und insbesondere darüber, wie sie auf ihre Kommilitonen wirken. Zahlreiche kolportagehafte Romane und Erzählungen widmen sich dem Alltag der Studentinnen und seinen Fährnissen, auch unverblümt ihrem aufmüpfigen Gebaren. Und vielfach stammen sie von Schriftstellerinnen: Die Universität bringt wirklich die Frauen zum Reden, in Absetzung von vorgegebenen Normen.

Der Beginn des zwanzigsten Jahrhunderts sah einen ungewöhnlichen argumentativen Aufwand um ein unaufhaltsames Geschehen, den aber die Statistiken kaum einsichtig machen. Gering blieb bis zum Anfang der dreißiger Jahre der Anteil weiblicher Studierender. Für das heutige Baden-Württemberg zum Beispiel sind zwischen 1907 und 1914 gerade einmal elf bis vierzehn Prozent Frauen belegt.

Aber die alte verstörte Amme Physiologie tat tapfer, was sie konnte, der Alma mater ihre Stiefkinder, die Mädchen, zu verekeln. So mögen die Sätze einer Frau Dr. Maria Schwarz, im 43. Jahrgang des bürgerlich-weiblichen Zentralorgans „Die Frau“ 1935/36 formuliert, einerseits Echo der kriegerischen physiologischen Diktion sein: „Mit urwüchsiger Stoßkraft haben einst deutsche Frauen in den harten, aber kampfesfrohen Zeiten vergangener Jahrzehnte ihr Ziel verfolgt und in zäher Ausdauer es nach nahezu

‚dreißigjährigem Krieg' im Jahre 1900 erreicht." Zugleich sind sie Morgenröte einer neuen Zeit, wenn Frau Dr. Schwarz ihre Abhandlung über „Die Anfänge des Frauenstudiums in Deutschland" schließt mit einer universitären „Selbstbesinnung", aus der „eine neue Kultur erblühen" möge, „die stets dem nordischen Menschen eigen war, die als Erbgut die Germanen empfangen haben, und die auch heute wieder zum deutschen Menschen führt": Mit dem Gesetz gegen die Überfüllung deutscher Schulen und Hochschulen vom April 1933 haben die Nationalsozialisten eingegriffen; im Jahr 1934 wird verfügt, daß nur mehr zehn Prozent der Hochschulzugänge Frauen sein dürfen.

Auf makabere Weise wurde das Jahr 1945 zur historischen Halbzeit für das säkulare Thema Frauenstudium. In formaler Gleichberechtigung sind gegenwärtig rund fünfzig Prozent der Studierenden an deutschen Hochschulen Frauen. Wo diese Frauen am Ende des Studiums sind, weiß keine noch so windige Statistik. An den Universitäten machen sie als „ordentliche" Professorinnen derzeit jedenfalls knapp fünf Prozent aus. Aber vielleicht diffundiert das „Frauenstudium" einfach ins Leben, um wahrzumachen, was der Historiker Jacob Caro aus Breslau 1897 auf Anfrage als sein „Gutachten hervorragender Universitätsprofessoren, Frauenlehrer und Schriftsteller über die Befähigung der Frau zum wissenschaftlichen Studium und Berufe" abgab: „Giebt man den Frauen, welche am Zuständlichen meistens die Zufälle interessieren, das Wort, so erklärt man die Revolution in Permanenz."

FRIEDRICH KITTLER

Alles ist Simulation

Kettenende: Zur Geschichte der technischen Weltmächte

Die Fernbedienung schaltet den Fernseher ein. Der Bildschirm zeigt wie üblich Menschen. Sie erläutern mit alt gewordenen Worten und Gesten, was die Wetterkarte von morgen ohnehin besagt: Die Sonne wird scheinen, das Wochenende scheint gerettet. So läuft es alle Abende. Mit verschwindenden Ausnahmen in Wüsten und Dschungeln steuern Medien das laufende Jahrhundert. Kein Priester liest mehr in Tiergedärmen oder Vogelflügen, ob morgen die Sonne scheinen wird oder nicht. Eine ebenso machtvolle wie automatische Mathematik hatte die Vorhersage übernommen, die das laufende Jahrhundert von allen Vorzeiten unterscheidet. Denn auch Fernsehmoderatoren erahnen die Zukunft nicht besser als Priester oder Bauern von einst; sie spielen nur die allerletzte Schnittstelle einer langen technischen Kette, die von Satellitenmeßwerten in Computerprogramme und von Computermonitoren auf Fernsehbildschirme führt. So gründlich oder menschenfreundlich „verhindert" (mit Heidegger) „die Technik selbst jede Erfahrung ihres Wesens".

In der umlaufenden Vorstellung sind Medien – vom Buchdruck über Film und Fernsehen bis hin zu den sogenannten neuen Medien – dienstbare Geister, denen die europäische Neuzeit ihre Fern-Sinne und schließlich auch ihre Sprache delegiert habe. Im selben Jahr 1877, als Edison an die Erfindungen von Grammophon und Film ging, erschien Ernst Kapps „Grundzüge einer Philosophie der

Technik". Sigmund Freud, der im Schatten des Ersten Weltkriegs Medien mit Prothesen gleichsetzte, und Marshall McLuhan, der sie im Schatten des Zweiten zu Ausweitungen der Sinnesorgane und des Gehirns erklärte, schrieben diese Medienanthropologie fort. Gerade das Jahrhundert, das technische Medien zu Weltmächten aufsteigen sah, ignoriert sie als Geschichtszeichen.

Im Jahr 1887 glückte Heinrich Hertz in Karlsruhe der experimentelle Nachweis von Schwingungen, die James Clark Maxwell in mathematischer Abstraktion hatte vorhersagen können. Ein Jahrzehnt später gelang es Guilielmo Marconi und Ferdinand Braun, auf solchen elektromagnetischen Schwingungen zunächst telegraphische und alsbald auch telephonische Signale zu übertragen. Seitdem hat sich die reine masselose Information vom Sprechen und Schreiben, also von Interaktion und Kommunikation, entkoppelt. Technische Übertragungsmedien sind Träger einer eigenen Geschichte geworden, die zunächst den Krieg und in seinem Gefolge auch den Alltag revolutioniert hat.

Moltkes Siege von 1870/71 beruhten auf Telegraphenkabeln, die, weil sie den Eisenbahngleisen strikt parallel liefen, Massenheere überhaupt erst mobil gemacht hatten. Nach dem britischen Mobilmachungsplan von 1914 dagegen stach die Royal Navy am allerersten Kriegstag in See, um die transatlantischen Telegraphenkabel der Mittelmächte zu durchschneiden. Marconis elektromagnetische Wellen haben im Ersten Weltkrieg Land, Luft und Meer mit neuen ferngelenkten Waffensystemen aufgerüstet, bevor sie ab den zwanziger Jahren als staatlicher Rundfunk auch Zivilbevölkerungen erreichten oder besser zivilisierten. Keine Massendiktatur des Jahrhunderts wäre ohne Radio ausgekommen, keine Konsumgesellschaft ohne Fernsehen.

Darum besetzt aber auch jeder Putsch, ob 1934 in Wien oder 1992 in Moskau, nicht mehr Regierungsgebäude, sondern Sendeanstalten. Darum begann auch der Zweite Weltkrieg, unmittelbar bevor sieben UKW-gesteuerte Panzerdivisionen Polens Grenzen überrollten, mit einer Besetzung des Reichssenders Gleiwitz, die (bis auf die wirklichen Leichen) den Radioputsch als solchen simulierte. Die Blitzkriege der Wehrmacht waren eben exakt so mobil, aber auch exakt so verwundbar wie ihr maschinell verschlüsseltes Funksystem. Als es polnischen Mathematikern gelang, erste Entschlüsselungserfolge gerade noch rechtzeitig ihren britischen Kollegen zu übermitteln, machte die übertragungstechnische Eskalation einen zweiten Sprung: Alan Turing, der 1936 aus strikt mathematischen Gründen die Prinzipschaltung aller Computer angegeben hatte, überführte sein Prinzip in kriegsentscheidende Kryptoanalyse. Weihnachten 1943 setzte der britische Geheimdienst die ersten Röhrencomputer unter Strom, um anfangs den deutschen und nachmals den sowjetischen Geheimfunk in Echtzeit zu knacken.

Auf ihrem langen Weg von Röhren über Einzeltransistoren zu millionenfach integrierten Schaltkreisen haben Computer die zweite Jahrhunderthälfte bestimmt. Aber auch die friedlichen Speichermedien – Schallplatten und Filmrollen der Jahrhundertwende – haben der Digitalisierung nicht lange widerstanden. Turings Computer sind universal, weil sie alle anderen Medien simulieren können, und können alle anderen Medien simulieren, weil sie die Unterschiede zwischen Buchstaben und Zahlen, Bildern und Tönen auf binäre Signale einebnen. Das verzerrt zwar die schönen Wellen von Schall, Licht oder auch Wechselstrom, macht es aber möglich, Daten so beliebig genau zu speichern, zu übertragen und zu berechnen, daß die bunte Medienvielfalt gewesener Kulturen und Epochen buchstäblich endet.

Die Folgen für Arbeit und Freizeit sind absehbar. Mit Maschinen, die nicht bloß Sensorik und Motorik automatisieren, sondern auch Suchen, Finden und Ordnen, gerät selbst geistige Arbeit unter Konkurrenzdruck. Im „Kampf um den Augapfel“ ist der Analog-Bildschirm im Fernsehzimmer gegenüber seinem digitalen Zwilling auf dem Büroschreibtisch so redundant oder unterlegen wie die klassische Telekommunikation gegenüber einem weltweit vernetzten Computersystem. Die Rede von „neuen Medien“ im Plural verschleiert als menschenfreundlicher Euphemismus, daß das nächste Jahrhundert einem einzigen Medium gehören wird. Eben weil Computer nach Turings Beweis alle anderen Maschinen sein können, sind sie und nur noch sie auch imstande, ihre eigenen Nachfolgergenerationen vom Entwurf bis zum Endprodukt zu entwickeln. Damit hat eine Evolution eingesetzt, die die langsamen Evolutionsschritte von Natur und Kultur millionenfach unterläuft, aber trotz aller Zuwachsraten der Miniaturisierung und Geschwindigkeit an Turings Prinzipschaltung nicht rüttelt. Sicher, atomare Quantencomputer statt molekularer Transistoren und optische Digitalschaltungen statt elektronischer sind schon im Entwicklungsstadium, nur eben keine Medienrevolution mehr.

Den Fortschritt, auf den Europa im achtzehnten und neunzehnten Jahrhundert baute, verbürgten mathematische und technische Erfindungen, die einem kleinen Vorgebirge Asiens zwischen Revolutions- und Weltkriegen tatsächlich die Weltherrschaft einbrachten. Also konnten Ingenieure und Propheten ihren Zeitgenossen mit Grund versprechen, die vergänglichen Klänge der Musik oder die unbeschreiblichen Figuren der Bewegung würden demnächst speicherbar. Zumindest medientechnisch, hieß das, könnte „die Menschheit“ eines finalen Geschichtstages ihre Endlichkeiten übersteigen. Dagegen hat Turing etwas sehr anderes versprochen: 1950 schrieb er, in fünfzig Jahren – also heute – würden seine Maschinen „die Macht übernehmen“.

Das hessische Landeskriminalamt stellt einen Computer in Dienst

Jeder neue Algorithmus der Wettervorhersage, aber auch jeder neue Computersieg im Weltmeisterschach oder Krieg macht Turings dunkle Vorhersage wahrer. Offenbar hat der Fortschritt „die Menschheit“ verlassen und ein mathematisches Medium aufgesucht, das den Begriff des Fortschritts selber kassiert. Weder Ingenieure noch Propheten von heute versprechen noch neue Medien; sie fragen nicht einmal mehr, ob es ein Jenseits der Turing-Maschine auch nur geben kann. Was als Millennium-Bug einem ebenso primitiven wie dominanten Computerbetriebssystem droht, ist insofern keine bloße Anekdote, die am 2. Januar 2000 schon wieder Geschichte gewesen sein wird, sondern ein Symptom. Die digitale Zeitrechnung kennt, wie einst die christlich-vormoderne, keinen unendlichen Fortschritt mehr; in der endlosen Wiederkehr ein und derselben Null fallen Anfang und Ende zusammen. Das von Pentagon-Beratern verkündete Ende der Geschichte, so es denn wahr werden sollte, wäre kein soziales oder politisches Ereignis, sondern ein medientechnisches. Ab sofort kommt daher (frei nach Mallarmé) alles darauf an, daß kein Würfelwurf, also auch keine digitale Maschine, den Zufall namens Geschichte jemals abschaffen oder stillstellen kann.

Gott (laut Dietmar Kamper) schuf den Menschen, weil er ihn träumte. Der Mensch aber vergaß Gott und schuf die Maschine, weil er sie (seit Descartes und Leibniz) träumte. Am Ende des zwanzigsten Jahrhunderts aber hat die Maschine den Menschen vergessen. Wer wollte vorhersagen können, von wem oder was sie träumt?

Thomas Wagner

Flaschenpost

Im Ozean der Moderne: Duchamps Frage nach dem Ding

Wir schreiben das Jahr 1917. Im New Yorker Grand Central Palace wird am 9. April die erste juryfreie Ausstellung in den Vereinigten Staaten eröffnet. In den Statuten der im Dezember 1916 gegründeten „Society of Independent Artists, Inc." heißt es, daß „jeder Künstler, der Staatsbürger der Vereinigten Staaten oder jedes beliebigen ausländischen Staates ist, Mitglied der Gesellschaft werden kann, indem er zu diesem Zweck ein Formular ausfüllt, einen einmaligen Betrag von einem Dollar sowie einen Jahresbeitrag von fünf Dollar bezahlt und an der Ausstellung der Gesellschaft in dem Jahr teilnimmt, in dem er Mitglied geworden ist". Auch Richard Mutt hat das Angebot zur Selbstproklamation als Künstler angenommen. Es wird ihn – wenn auch mit Verspätung – weltberühmt machen. Denn Richard Mutt reichte ein Werk besonderer Art ein: „Fountain", ein umgedrehtes und signiertes Urinoir aus schimmerndem Porzellan. Insgesamt 2125 Werke von 1235 Künstlern wurden ausgestellt, Richard Mutts „Brunnen" aber war nicht dabei. Sein Werk fiel der Zensur anheim, auch wenn heute niemand mehr zu sagen vermag, ob es gestohlen, aus Verfahrensgründen abgelehnt oder einfach fortgeschafft wurde. Sicher ist, daß „Fountain" nicht im Katalog aufgeführt wurde und der Vorstand der Independents am Tag nach der Vernissage eine Mitteilung verbreitete, die keinen Zweifel an der Ablehnung läßt: „Die ‚Fountain' ist vielleicht dort, wo sie hingehört, ein sehr nützlicher Gegenstand, aber er gehört

Einige behaupteten, sie sei ein schlichtes Stück Klempnerei: Eine Replik von Duchamps berühmter, mit „R. Mutt“ signierter „Fountain“ im Atelier des Künstlers

nicht in eine Kunstausstellung und ist kein Kunstwerk, nach welcher Definition auch immer.“

Um diese Frage aber wurde im zwanzigsten Jahrhundert erbittert gestritten: Was ist Kunst? Schau- und Kampfplatz zahlloser Erweiterungs- und Erneuerungsversuche war dabei vor allem die Malerei. Aber vielleicht muß die Geschichte der Kunst der letzten hundert Jahre vor dem Hintergrund eines allgemein veränderten Verhältnisses zu den Dingen ja ganz anders erzählt werden? Auch wenn die Autorschaft Marcel Duchamps damals weitgehend hinter dem Pseudonym Richard Mutt – als dessen Verteidiger er auftrat – verborgen geblieben scheint und das öffentliche Interesse an dem Skandal, in dessen Verlauf Duchamp und

Walter Arensberg aus dem Direktorium austraten, gering geblieben ist, so wurde das zum „Brunnen“ mutierte Pissoir, dessen Original verschollen ist, doch im Lauf der Zeit zu einem der bekanntesten Werke der Kunst des Säkulums, Duchamps Ready-mades gleichsam zum Synonym für die Umwälzungen, die den Kunstbegriff von Grund auf verändert haben.

Einen Monat nach dem kleinen Skandal erschien in der Künstlerzeitschrift „The Blind Man“ ein Artikel, der den „Fall Richard Mutt“ aus der Sicht Duchamps und seiner Freunde zusammenfaßt: „Sie sagen, jeder Künstler, der sechs Dollar bezahlt, könne ausstellen. R. Mutt sandte seine Fontäne ein. Ohne Diskussion verschwand dieser Artikel und wurde nie ausgestellt. Welches waren die Gründe, um die Fontäne von Mr. Mutt abzulehnen: 1. Einige behaupteten, sie sei unmoralisch, vulgär. 2. Andere, sie sei Plagiarismus, ein schlichtes Stück Klempnerei. Nun aber ist die Fontäne von Mr. Mutt nicht unmoralisch, das ist absurd, nicht mehr als eine Badewanne unmoralisch ist. Sie ist ein Zubehör, das man täglich im Schaufenster eines Klempners sieht. Ob Mr. Mutt die Fontäne mit eigenen Händen gemacht hat oder nicht, ist unwichtig. Er wählte sie aus. Er nahm einen gewöhnlichen Artikel des Lebens, stellte ihn so auf, daß seine nützliche Bedeutung verschwand hinter dem neuen Titel und Standpunkt, schuf einen neuen Gedanken für dieses Objekt. Was die Klempnerei angeht, ist das absurd. Die einzigen Kunstwerke, die Amerika hervorgebracht hat, sind seine Klempnereien und seine Brücken.“

Duchamps Ready-mades versahen die Dinge mit einer neuen Signatur. Indem er gewöhnliche Gegenstände wie einen Flaschentrockner, einen Metallkamm oder eine Schneeschaufel gerade nicht anhand des Geschmacks auswählte, wollte er der Banalisierung der Dinge entgegenwirken. Seine Strategie bestand weniger darin, die Macht einer institutionellen Rahmung aufzudecken, die darüber entscheidet, ob ein banales Ding ein banales Ding oder ein Kunstwerk ist, das lediglich wie ein banales Ding aussieht. Mitten in der durch Industrialisierung und Massenproduktion ausgelösten Krise der Malerei hat er vielmehr eine radikale Lösung vorgeführt, die freilich erst mit erheblicher Verspätung aufgegriffen werden sollte. Zunächst lieferte Duchamp mit seiner „Fountain" das Unerwartete anstelle des Erwarteten und griff dabei kühn auf einen Urteilsspruch voraus, der sich erst retrospektiv einstellen konnte.

Biographisch folgte Duchamp der Einsicht, nicht länger als Maler im gewöhnlichen Sinn des Wortes weitermachen zu wollen. Sozial- und kulturgeschichtlich aber reagierte er auf den in der Folge der Industrialisierung veränderten Status der Dinge sowie auf ein in der Kunst herrschendes Klima, das von dem Gefühl getragen wurde, die Malerei sei dabei, als Handwerk abzusterben. 1909 hatte Marinetti einen Rennwagen, „ein aufheulendes Auto, das auf Kartätschen zu laufen scheint", für schöner erklärt „als die Nike von Samothrake"; Léger sprach 1914 von zahllosen Beispielen für einen „Umbruch" und gravierenden Änderungen im Bereich des Visuellen, und Malewitsch konstatierte: „Das neue Leben von Eisen und Maschine, das Gebrüll der Automobile, der Glanz der elektrischen Lichter, das Brummen der Propeller – all das hat die Seele erweckt, die in den Katakomben der alten Vernunft erstickte; sie ist in die Verflechtung der Wege von Himmel und Erde hinausgetreten." Würden alle Künstler die Kreuzungen dieser himmlischen Wege sehen, „dann würden sie keine Chrysanthemen malen".

So unterschiedlich die künstlerischen Reaktionen auch ausfielen, in Maschinenglauben und Technikfaszination drückte sich die veränderte Stellung des Menschen zu den Dingen aus. „Wenn", schreibt Stanislaus von Moos in einem Essay zu Siegfried Giedions „Herrschaft der Mechanisierung", die „Ästhetisierung des Alltäglichen, die Nobilitierung des Banalen ein roter Faden sind, der sich, aus welchen Motiven auch immer, von Duchamp über Léger bis zur Pop Art durch die gesamte Geschichte der Moderne zieht, so bot Amerika seit je das faszinierendste Rohmaterial für solche kulturellen Explorationen."

Ohne solch grundlegende Veränderungen der Lebenswelt hätte Duchamps ironische Geste kaum die mit der Verzögerung von einem halben Jahrhundert eingetretene Wirkung einer Detonation entfalten können, deren Druckwellen bis heute spürbar sind. Verständlich wird das Geschehen erst, wenn man erkennt, daß sich Duchamps Ready-made-Konzept parallel zu seiner – ebenso legendär gewordenen wie umstrittenen – Aufgabe der Malerei entwickelte. Duchamp, der 1915 erstmals nach New York reiste, war dort bereits 1913 mit seinem „Akt die Treppe herabsteigend", der bei der „Armory Show" gezeigt wurde, berühmt geworden. Anhand dieses Erfolges bemerkte er, daß selbst ein Künstler, der mit keinem besonderen Talent ausgestattet war, durch harte und konsequente Arbeit erreichen konnte, als Maler geachtet zu werden. Doch war dies einmal geschafft, weshalb sollte man es noch einmal tun? Im besten Fall würde man sich wiederholen, aus Gewohnheit einem Handwerk nachgehen, das überholt war, hatten doch Mechanisierung und Arbeitsteilung den Handwerker in den meisten gesellschaftlichen Bereichen ersetzt. Nicht nur Duchamp hat damals die Frage umgetrieben, ob und wie der Malerei noch Bedeutung verliehen werden könne. Sich schlicht unempfänglich für die Krise zu machen, würde jedenfalls nur dazu führen, die Malerei als etwas zu betreiben, was Duchamp „olfaktorische Masturbation" nannte.

Historisch betrachtet blieb wenigstens ein Ausweg offen – jener der Abstraktion. Denn diese versucht jenseits der Wiederholung bloßer malerischer Konvention ein Bild zu schaffen, dessen Gehalt oder Sujet seine Form ist, ein Bild, das nicht das Handwerk feiert, sondern die Idee der Malerei. „Der Übergang zur abstrakten Malerei", schreibt Thierry de Duve, „war die entscheidende Etappe, durch die der Niedergang der Malerei als Beruf anerkannt und ihre momentane Wiedergeburt als Idee vollzogen wurde." Der Zwist zwischen jenen, die sich in der Figuration verschanzten, weil sie nicht wahrhaben wollten, daß auch die Kunst dem geschichtlichen Wandel Tribut zollen muß, und den Abstrakten, die – mit großem Erfolg – das Projekt einer autonomen und avantgardistischen Kunst vorangetrieben haben, hielt den Kunstbetrieb lange in Atem. Dann schlug die Stunde Duchamps, auch wenn sich die Urszene in den Jahren vor und während des Ersten Weltkriegs ereignet hat.

Das Exempel, das Duchamp mit seinen Ready-mades und seinem freien Leben als Künstler geliefert hatte, leitete in den sechziger Jahren eine Umorientierung der Kunst ein, an deren Folgen wir noch heute laborieren: Wenn sich Künstlersein nicht darauf beschränkt, ein besonderes Objekt herzustellen, das als Kunstwerk betrachtet werden kann, so tritt der Aspekt originärer Produktion in den Hintergrund. Das verändert nicht nur den Begriff des Künstlers hin zu einem exemplarisch Wahrnehmenden, es setzt auch den Betrachter als Vollender des Werks an die Stelle des Kreators. Der Künstler wählt aus, orientiert die Dinge aber zugleich neu im Hinblick auf einen alternativen, in diese eingeschlossenen Sinn. Die Dinge sind nicht länger bloße Dinge oder Zeichen guten Geschmacks; künstlerisch animiert geben sie Auskunft über die Verhältnisse in der Welt. Und weil jede Replik eines Ready-mades denselben Aussagewert hat, verschwindet auch der Begriff des Originals. Nun ist auch die Kunst in jene Distanz versetzt, in die der Konsument geraten ist, der keinen Bezug zum Herstellungsprozeß eines Gegenstandes mehr besitzt und eines solchen auch nicht mehr bedarf, um am Zirkulationsprozeß der Waren teilnehmen zu können. Allein die achtziger Jahre boten eine Art Intermezzo, suchten sie, im Irrglauben, die Geschichte sei an ihr Ende gekommen, doch mit neoexpressivem Schwung abermals das Projekt einer Malerei zu renovieren, die sich ans ewig Menschliche hält. Inzwischen bildet sich in der anagrammatischen Strategie der Ready-mades die Mechanik einer permanenten Umschreibung der Bedeutung der Dinge ab.

Der Übergang vom Stil zur Haltung, von der Herstellung eines Werks zur Demonstration einer Geste, von der Produktion zur Rezeption, diese Revolution des Kunstbegriffs ist nur das stille Auge eines Sturmes, der über das Jahrhundert hinweggezogen ist und die allgemeine Ordnung der Dinge durcheinandergewirbelt hat. In der Kunst ist Duchamp der Vater dieser Passage; mit seinen Ready-mades hat er die Frage, ob die Kunst figürlich oder abstrakt sein müsse, beantwortet, indem er das Problem zum Verschwinden gebracht hat. Weil das Machen unmöglich wurde, ist von der Kunst nur ihr Name geblieben.

Karl Heinz Bohrer

Das absolute Schöne und die Häßlichkeit

Warum die Moderne die Realität nicht spiegelte

Das Schöne in seiner absoluten Form sei eine Erscheinungsform des zwanzigsten Jahrhunderts gewesen? Der Gedanke mag unmittelbar Erstaunen, Ungläubigkeit, ja Abwehr provozieren. Wie sollte das Jahrhundert der beiden Weltkriege und des Holocaust, das Jahrhundert der großen und kleinen ideologisch verursachten Massaker und das Jahrhundert der politisch-psychologischen Deformationen die Phantasie zum Schönen angeregt haben? Man erwartet angesichts solcher Realität genau das gegenteilige Phantasma: eine künstlerische Elefantiasis des Häßlichen. Ganz abgesehen von der kommunen Ansicht, daß moderne Kunst prinzipiell etwas mit Subversion und Deformation zu tun habe. So verständlich eine solche Erwartung ist, sie entspringt der falschen Vorstellung von einer Realitätsreferenz der Kunst, also daß Kunst und Literatur so etwas seien wie die Objektivationen von Epoche, Zeitalter und Jahrhundert; dieser Gedanke, der von Soziologen, Historikern und Philosophen im engeren, von der gebildeten repräsentativen Öffentlichkeit (zum Beispiel dem Nobelpreis-Gremium) im weiteren Sinne gepflegt wird und dessen scheinbare Triftigkeit vom Nachruhm Hegel'scher Geschichts- und Kunsttheorie noch immer seine Autorität bezieht, ist angesichts der tatsächlichen phänomenalen und theoretischen Bewegungen der europäischen Kunst und Literatur von Rang im zwanzigsten Jahrhundert eine Täuschung. Die Moderne begann nicht nur, sondern endete auch mit einer radikalen Emphatisierung eines neuen Schönheitsanspruchs.

Schönheit wie ein Beben

Wenn hier vom absoluten Schönen gesprochen wird, so läßt sich das in zweifacher Hinsicht verstehen: als einem Schönen, das absolut gesetzt ist, und einem Absoluten, das die Form des Schönen angenommen hat. Das sind zwei kategorial sehr verschiedene Modi, sie hängen aber historisch und prinzipiell eng miteinander zusammen. Das läßt sich sowohl am phänomenologischen Vorschein unserer Erscheinung als auch am Vorabend des zwanzigsten Jahrhunderts schon erkennen, wenn an den äußersten Polen der frühen künstlerischen Moderne, dem Ästhetizismus der neunziger und dem Avantgardismus des ersten Jahrzehnts im neuen Jahrhundert, jeweils plötzlich in einer Weise vom Schönen der Kunst geredet wird, wie man es selbst zur Zeit des europäischen Klassizismus nicht tat und nicht wollte: Wenn Oscar Wilde sein moralisches Experiment, den die letzte Epoche des Bürgertums skandalisierenden Roman „Das Bildnis des Dorian Gray“, unter das Signum einer „flammenden Schönheit“ stellte und Marinetti der neuen futuristischen Geschwindigkeit, inkorporiert im Automobil, dadurch huldigte, daß er ihm eine Schönheit zuerkannte, die größer sei als das berühmteste Schönheitszitat der Antike, dann war hier eine Eröffnung in Aestheticis gemacht, die etwas in nie zuvor gesehener Weise absolut setzte und in diesem absolut Gesetzten wiederum etwas Absolutes, zwischen objektiver Utopie und subjektiver Exzentrik fand. Denn darin lag die Differenz zur Hochzeit des ästhetischen Klassizismus in Racine'scher oder Goethe'scher Ausprägung: Nunmehr tritt eine Unbedingtheit hinzu, der etwas auf Transzendenz Dringendes anhaftete, das nicht ohne Hysterie auftrat jenseits der traditionellen Formdebatten zwischen Klassik und Romantik.

Erläutern wir diese Konstellation an einer Basisschrift der klassischen Moderne, an André Bretons Roman „Nadja" (1928). Bretons Roman schließt charakteristischerweise nicht mit einer Szene oder einem Bild, in dem das Erzählte abbricht oder Strahlen wirft, sondern mit der surrealistischen Definition der Schönheit: „La beauté sera CONVULSIVE ou ne sera pas." Nicht nur die berühmt gewordene surrealistische Definition der Schönheit ist es, die wichtig ist, sondern daß Breton glaubt, die Schönheit definieren zu müssen: Das eben ist das Surrealistische daran, das alles Bisherige in der Kunstdebatte hinter sich lassen Wollende: nicht qua dieses oder jenes ästhetischen Methodenhinweises, sondern in einer Emphatisierung des Schönheitsbegriffs! Die deutsche Übersetzung von Max Hölzer lautet: „Die Schönheit wird wie ein Beben sein, oder sie wird nicht sein." Was soll das heißen? Schönheit als Konvulsion verstehen heißt, sie nur in Hinsicht auf Leidenschaft („fins passionnelles") zu denken, wie Breton zuvor erläutert. Damit will er sie, verkürzt gesprochen, sowohl von ihrem statischen, also klassischen, als auch dynamischen, also romantischen Modus unterscheiden: Schönheit entsteht in einer vorher nie gekannten situationäre Wahrnehmungsbewegung von Intensität, nicht Intentionalität. Schönheit, so kann man sagen, ist in der surrealistischen Vorstellung der Akt ihres Erscheinens, genauer: Die Erscheinung von etwas selbst wird als Schönheit gefeiert! Nicht nur theoretisch, sondern auch in der imaginativen Szene. So, wenn die Vorstellung entwickelt ist, „nachts in einem Wald auf eine schöne und nackte Frau zu treffen", eine Vorstellung, die niemals Realität wird, obwohl sie möglich wäre. Diese Möglichkeit aber ist wiederum unter die situationäre Bedingung gestellt: „daß alles plötzlich aufgehört hätte". Wenn man sich klarmacht, daß man es hier mit einer sowohl literartopisch als auch tiefenpsychologisch konventionellen Idee, die der heutigen Geschlechter-Correctness Anlaß zu einschlägigen Entlarvungen von „Männerphantasie" geben würde, zu tun hat, die erst durch die surreal emphatische Positionierung ihrer Temporalität den Absolutheitsmodus bekommt, dann ist man auch schon bei der kunstsystematisch-historischen Einsicht, inwiefern hier ein traditionelles Motiv den entscheidenden Sprung zum absoluten Schönheitsdiskurs macht: Manets nackte Schöne im Wald – das „Déjeuner sur l'herbe" (1863) – war ein realistisch-psychologisch-soziales Ensemble, das auf unendlich viele Narrationen wartete. Die „schöne und nackte Frau" der surrealistischen Vorstellung dagegen ist, jenseits solcher psychologisch-sozialer Assoziationen, die unwiederholbare „Apparition", wie sie Valéry an die späte Ästhetik Adornos weitergab: also eine Epiphanie.

Man kann die gesamte klassische Moderne unter diese Kategorie des Epiphanen stellen und daran den ihr eingepflanzten absoluten Gestus der Offenbarung von Schönheit als Ereignis erläutern: Virginia Woolfs Inszenierung der „Moments of Being", James Joyce' Darstellung seiner „Epiphanien", Prousts Wiedergewinnung des Augenblicks der Kindheit in der „Mémoire involontaire", Musils „anderer Zustand" oder Kafkas allegorische Prosa haben gemeinsam, daß sie nicht mehr psychologische oder soziale Szenen erzählen, sondern auf etwas Transpsychologisches aus sind: die Erfassung einer intensiven Phänomenalität der Dinge, die im Akt einer Erscheinung festgehalten sind, die durchaus spirituellen Charakter hat, der aber als solcher nie thematisch forciert, sondern eher verschwiegen, gar geleugnet wird, um das Unaussprechliche und nicht Identifizierbare des Ereignischarakters nicht zu gefährden.

Indem der nachrealistische Roman des zwanzigsten Jahrhunderts die Nacherzählung der gesellschaftspsychologischen großen Themen der Balzac, Flaubert, Tolstoi oder Conrad nicht mehr aufnahm, mußte er sich fragen: Was bleibt mir als Thema? Und siehe da – es erschien ihm als größtes Thema von allen die Evokation der Dinge selbst kraft imaginativer Sprache. Daß etwas anwesend ist und nicht abwesend ist, das wurde künstlerisch das große Unterfangen der klassischen europäischen Moderne: die berühmte „Gegenwart" also, die Blanchot dann in den fünfziger Jahren theoretisierte. Nicht die Anwesenheit der alten Realien, sondern der Abglanz der Dinge, ihr Glück. Virginia Woolf beschreibt die „Ekstase", die das Licht, die Farbe der Sinneseindrücke, auslöst. Musils Einführung in den anderen Zustand vollzieht sich als Architektur der schönen Körperlichkeit, in ihrer Flächenstruktur an Gestalten Schaads erinnernd oder an die Häuserflächen de Chiricos, das heißt schöne Gegenständlichkeit dringt ins Zentrum der literarischen Darstellung ein. Als Zentralperspektive ist diese Artikulation des Schönen durch die Darstellung der Dinge im berühmtesten Gedichtzyklus der deutschsprachigen klassischen Moderne, in Rilkes „Duineser Elegien" einsichtig, deren Schlüsselsatz aus dem ersten Sonett „Denn das Schöne ist nichts als des Schrecklichen Anfang, den wir noch gerade ertragen ..." ja nichts anderes bedeutet als die Emphatisierung einer Vorstellung vom „stärkeren Dasein" als dem psychisch Gewöhnlichen.

Die Rühmung des Daseins als eines Raums des transzendenten Schönen, der die gewöhnliche Erfahrung übersteigt, wird zum selbstreflexiven Projekt von Rilkes Spätwerk. Ähnliches wäre bei Gottfried Benns Gedichten der späten zwanziger und vor allem dreißiger Jahre zu erläutern („Astern"), ganz zu schweigen von Trakls später Lyrik („Grodeck"), auch wenn bei beiden die Eindeutigkeit des Abschieds von solcher Schönheit – der Blumen oder des Naturgotts – der Präsenz des Rilkeschen Engels opponiert.

Es wird dem aufmerksamen Leser nicht entgangen sein, daß sich der moderne Schönheitsdiskurs nicht aus literarischen Gattungen, formalästhetischen Programmen oder der medialen Vermittlung erschließt: Er reicht von der surrealistischen über die futuristische bis zur neoklassizistischen Manier. Und immer ist die Thematik die Apparition, also die Epiphanie, von etwas ästhetisch Intensivem, das Verbindende. Es bedarf keines längeren Beweisganges, daß dies auch für die Malerei der klassischen Moderne evident ist: von Max Ernst und Joan Mirós poetischen Erfindungen bis hin zu den erhabenen Bildflächen des amerikanischen Expressionismus (Pollock), immer ist das Schöne, nicht etwa das Häßliche oder das Erschreckende, ihr Charakteristikum. Und das gilt selbst noch für Picassos „Guernica". Die Ästhetik des Schreckens hat nichts mit der Inszenierung der bösen oder häßlichen Realität zu tun.

Wie das? Stand nicht am Eingang zur modernen Avantgarde eben ein emphatischer und folgenreicher Akt der Profanisierung des Schönen par excellence? Hatte nicht Duchamp, indem er das Bildnis der Mona Lisa mit einem Schnurrbart entstellte, die endgültige Formel für die Subversion in der Form der Entstellung gefunden, flankiert von vielen Formen der methodischen Banalisierung ekstatischer Gegenständlichkeit und deren ideologiekritischer und kultureller Entlarvung? Ist nicht alles oben Vorgeführte im Lichte von Duchamps künstlerischer Intelligenz ein „magisches Ritual" des falschen Bewußtseins, so wie es der marxistische Kunsttheoretiker Michail Lifschitz in seiner in den dreißiger Jahren erschienenen Schrift „Krise des Häßlichen" formulierte? Und könnte man nicht auch sagen, es handele sich bei diesen von mir ausgewählten Beispielen eines „magischen Rituals" um eine einseitige Auswahl, der gleichbedeutende Beispiele einer Kunst des Realistischen oder Häßlichen entgegengesetzt werden könnten? Seit der relativ späten akademischen Entdeckung, daß die Künste nicht mehr schön seien („Die nicht mehr schönen Künste, Poetik und Hermeneutik III", 1971) ist es üblich geworden, die Moderne über die Kategorie der Deformation zu erläutern. Dabei schienen bedeutende Konstruktionen wie Baudelaires Gedicht „Ein Aas" („Une charogne", 1867) aus dem „Spleen et Idéal"-Teil des Zyklus „Les Fleurs du Mal" oder dessen deutschen Schülers, Gottfried Benns Gedicht „Kleine Aster" aus dem Morgue-Zyklus (1912), diese Tendenz machtvoll zu unterstützen, realisieren sie doch scheinbar eine ästhetische Idee, die Friedrich Schlegel als Modus des romantisch Interessanten schon 1797 gesehen hatte, indem er das Konzept einer „Theorie des Häßlichen" andeutete. Auf das Faktum brutum der Konzeptart der späten fünfziger Jahre braucht man sich deshalb nicht ausschließlich zu berufen, denn so früh schon wurde der Schönheit in der Kunst widersprochen. Die dadaistische Subversion des Schönen darf noch von anderer Seite ein mächtiges Argument erwarten: Es war der programmatische Kern der faschistischen Kunstkonzeption, eine traditionelle, meist neoklassizistische Form der Schönheit zu forcieren, und Leni Riefenstahls groß-schöne Bilder überschneiden sich sogar mit den Großaufnahmen der Gesichter weiblicher Hollywood-Ikonen wie Greta Garbo und Marlene Dietrich, die ja tatsächlich im Unterschied zur Tragik einer Eleonore-Duse-Ansicht Oberflächenbrillanz forcieren. Das läuft am Ende auf die formalistische Harmonisierung des öffentlichen Raums im Deutschland der dreißiger und vierziger Jahre hinaus, die Walter Benjamin unter den berühmt gewordenen Begriff einer „Ästhetisierung der Politik" gestellt hat. Wäre also die Sehnsucht nach einem absoluten Schönen, wie sie bei repräsentativen Werken der klassischen Moderne und der klassischen Nachmoderne unleugbar auffällt, nicht schon deshalb intellektuell und künstlerisch fragil, weil sie zumindest eine Eigenschaft mit der faschistischen Ästhetik teilt: nicht eigentlich analytisch kritisch, sondern emphatisch rühmend zu sein?

Die dichterische Kapazität entscheidet

Die Charakteristika einer realistisch-gesellschaftskritischen Literatur im zwanzigsten Jahrhundert auf der Linie eines Heinrich Mann oder Döblin und der amerikanischen Gesellschaftsromanciers der dreißiger Jahre entsprechen ohnehin bis heute der populären Konvention von Literatur nicht nur bei der Leserschaft, sondern auch bei der einflußreichen Tageskritik. Der immer wieder auftauchende Ruf nach dem deutschsprachigen politischen Gesellschaftsroman des Jahrhundertendes belegt dies. Daß diese Forderung nicht zur Entstehung einer bedeutenden Nachkriegsprosa, sondern im Gegenteil zum mit Preisen versehenen Mittelmaß geführt hat, ist zwar subjektiv noch nicht recht nachvollzogen worden, läßt aber objektiv die Ansicht, daß die bedeutende Kunst des zwanzigsten Jahrhunderts unter dem Vorzeichen des Schönheitspathos steht, um so evidenter erscheinen. Dieser Tatbestand sei genauer begründet: Der erwähnte Grundtext für die angebliche Häßlichkeitsbedingung der modernen Kunst, Baudelaires „Ein Aas“, entfaltet nur vordergründig die Dünste des Ekel Erregenden. Denn nachdem die skandalöse Ansicht eines obszön sich darbietenden Tierkadavers, einer in der Sonne verfaulenden Hündin, zur Assoziation der sexuell begierigen Frau gesteigert ist, kommt es am Ende zu einer gänzlichen Umkehr des Phantasmas des Häßlichen zur Vision dichterischer Schönheit: Das ist hier die Apotheose der im Grab zerfallenden Geliebten zur Form und göttlichen Essenz qua dichterischer Phantasie.

Diese Verwandlung ist aber polemisch ausgesprochen: Nicht die Geliebte wird der Häßlichkeit des Todes entrissen, sondern die dichterische Kapazität zur Schönheit gefeiert! Mit dem einen Schlag eines Symbolwechsels ist klargestellt, daß die Kunst es nicht zu tun hat mit der Wiederholung oder Kritik häßlicher Wirklichkeit, sondern umgekehrt mit deren Umsetzung in Zeichen schöner Intensität. Man kann diesen Befund über das andere genannte Beispiel einer Kunst des Häßlichen fortsetzen: Auch Gottfried Benns in der Epoche furchtbar aggressiv wirkende und seitdem als Modernismus gefeierte Phantasie über das Körperinnere eines verunglückten Proletariers auf dem Seziertisch der Berliner Morgue lebt poetisch von der Verwandlung des absolut Ekelhaften in das absolut Schöne. Und man wird schließlich zum Schluß kommen: Selbst die banalen Konstruktionen Duchamps, also sein berühmtes Modell „Urinoir", transzendieren buchstäblich durch Formintensität ihre provokativ gemeinte häßliche Inhaltlichkeit, und bekommen eine eigentümliche Strahlung. Ist es doch eines vor allem: eine „Apparition"! Und das dürfte sogar noch für die auf Schock angelegten Bildsequenzen aus Buñuels Film „Un Chien Andalou" („Ein andalusischer Hund") gelten.

Man darf diese Einsicht in ein Kriterium verwandeln: Die gesamte Duchamp folgende kritisch-materialistische Kunst des zwanzigsten Jahrhunderts hat nur dort ästhetisch überlebt, wo ihr subversives Potential ausbalanciert ist von solcher Strahlung, die sich aus dem kalkulierten Einstellen eines absoluten Schönen ergibt. Von daher ist es nicht erstaunlich, daß es Friedrich Schlegel und allen, die es nach ihm versuchten (Karl Rosenkranz), in einer auffälligen Weise nicht gelang, eine Theorie des Häßlichen wirklich zu entwickeln, und er theoretisch schon auf dem Sprung war zu erkennen, wieso dies nicht möglich ist: Denn er sagt, das Häßliche sei im Unterschied zum Schönen „ein feindseliger Angriff auf die Sinnlichkeit" und veranlasse einen „sittlichen Schmerz", ein Satz, der impliziert, daß das unmittelbare Medium der Kunst, die sinnlich-emotionale Sphäre, dem Häßlichen keinen Zutritt freigibt; er sagt zudem, daß

Übergroße Schönheit: Dalís späte Erscheinungen

dieses einen Appell an die moralische Reflexion, also gerade eine Ablenkung von der ästhetischen Faszination, bedeutet. Wo diese Faszination dennoch angesichts des Häßlichen auftaucht, so Friedrich Schlegel, da sei immer ein Schönes enthalten, wie er offenbar überhaupt von einer Art dialektischer Beziehung zwischen dem Schönen und dem Häßlichen ausgeht, dergestalt, daß es den absoluten Modus von beiden gar nicht geben könne.

Das ist hier aber für die Intention von Literatur und Kunst des Jahrhunderts, die nicht mehr von Schlegels fast Hegel'schem Ganzheitsprogramm bestimmt ist, behauptet, wobei nunmehr die Spätzeitbedingung ins Spiel kommt. Friedrich Nietzsche hat aus dieser Bedingung im Zuge der Abkehr von seiner romantisch-dionysischen Kunstphilosophie der frühen siebziger Jahre die theoretische Basis gelegt: Eine Kunst der Moderne sei, wenn Kunst denn überhaupt noch möglich wäre, unter eine Schönheitsverpflichtung zu stellen. In einer polemischen Adresse an „die Revolution in der Poesie" – eine Abrechnung mit der Avantgarde avant la lettre – begründet er diese Auffassung als eine neue Ästhetik des schönen Scheins wider den, wie er es sah, ewigen deutschen Naturalismus. In einer Entfaltung der Formenwelt von Goethes später Klassik gewinnt er die Stilelemente, die er als Paradigmen für jedwelche zukünftige Literatur empfiehlt: „Idealische Maske" und „Allegorische Allgemeinheit": Sie seien zwar der Nachglanz der Vollkommenheit griechischer Kunst, aber eben nur in einer solchen Kunst der Erinnerung sei die Dekadenz, ja die Auflösung gegenwärtiger Kunst, wie sie bei den Anwälten und Darstellern der poetischen Revolution vonstatten gehe, aufzuhalten. Nietzsches Angriff auf die permanente Revolution der Kunst im Zeichen eines naturalistischen Authentizismus ist der bedeutendste theoretische Vorschein dessen, was sich, wie oben angedeutet, innerhalb der klassischen Moderne tatsächlich vollzog. Geahnt hatte das schon Heinrich Heine, wenn er betonte, in der Literatur sei er nicht der Realist, der er als politischer Kritiker des reaktionären Zeitgeistes war, sondern ein Vertreter eines „Supernaturalismus" („Über Dechamps"), ganz ähnlich wie hundert Jahre später Cesare Pavese, wenn er die Unabdingbarkeit des schönen Symbols für die moderne Prosa erklärte, oder wenn Walter Benjamins „Imaginäres" das Soziologische des Passagenwerkes überstrahlte.

Die aktuelle Kunst- und Literaturszene gibt der hier entwickelten und begründeten Entfaltung eines absoluten Schönen innerhalb der Jahrhundert-Moderne nicht unbedingt Recht. Dies fällt in unserem Kontext allerdings wenig ins Gewicht, als es fraglich ist, ob und inwiefern man es bei vielen der zeitgenössischen beziehungsweise aktuellen Ausdrucksformen, unter denen das bisher nicht erwähnte Theater und der Film hervorzuheben sind, noch mit einer Kunstform überhaupt zu tun hat, die als solche allmählich Vergangenheitscharakter anzunehmen beginnt. Vielleicht ist die Schönheitskunst der klassischen und nachklassischen Moderne inzwischen einer immer schon in ihr angelegten Möglichkeit gefolgt und ist in Reklame und Design abgewandert, was die häßlichen Authentizitisten nicht besser macht. Andererseits ist erkennbar, daß Künstler von artifiziellem Rang und Selbstverständnis (sei es nun Peter Handke, Botho Strauß, Heiner Müller oder selbst Elfriede Jelinek) ohne das Schönheitskriterium ganz im Verständnis der Apparation nicht auskommen wollen oder können. Vorangegangen war ihnen hierin der große Lyriker der Nachkriegsepoche, Paul Celan, selbst bei der furchtbarsten Thematik katexochen. Die systematische Summe kann alle Faktoren der Jahrhundertfaszination am Schönen nur betonen.

Das gilt nicht zuletzt für den Theoriebereich, der – in Abwesenheit einer mächtig sprechenden Kunst der Gegenwart – nostalgisch in deren Lücke zu treten scheint. Die beiden das letzte Jahrzehnt beherrschenden ästhetischen Theorien, Paul de Mans Dekonstruktionstheorie und Lyotards Erhabenheitstheorem, haben jedenfalls nicht bloß den Faktor des Schönen wieder ins Bewußtsein gehoben, indem sie den ästhetischen Zustand einer literarischen beziehungsweise malerischen Konstruktion gegen eine diese verhäßlichende Sinnzuschreibung, um nicht zu sagen Sinnhuberei wiederentdeckten – dies gilt vor allem für de Man –, sondern indem sie dies an großen Paradigmen der klassischen, nicht zuletzt deutschen Moderne darstellten, obwohl dies, so im Falle de Mans, nicht widerspruchsfrei war, da dessen Theorie ja eigentlich Hierarchisierung von Texten, das heißt Kanonbildung, ausschließt. Vor allem Lyotards Theorem über „Das Erhabene und die Avantgarde" zeigt, wie am Ende des Jahrhunderts eben das Element der Moderne theoretisch stark gemacht wird, indem nicht eigentlich ihr kritisches, sondern ästhetisch-emphatisches Vermögen zu Tage tritt: Es ist genau jener oben erläuterte Ereignischarakter, die Apparation ohne Erklärung, die im Blick auf Bildtitel von Barnett Newman aus den Jahren 1950/51 zum Alpha und Omega der Moderne erhoben wird. Inwiefern damit ein in der Moderne zweifellos immer schon heimlich anwesender Spiritualismus, ja Mystizismus offen affirmiert und damit der helle Duchamp'sche Spirit noch einmal verleugnet wird, ist hier nicht mehr zu diskutieren. Das würde nicht ohne Hereinziehen der „Gegenwarts"-Idee von George Steiner und überhaupt nicht ohne die Frage nach der Möglichkeit von „Intensität" ohne Transzendenz auskommen können. Steiner kommt da ohne nicht aus. Lyotard wollte es bloß. Ob neue Versuche dies schaffen, ist bisher offenes Spiel. Jedenfalls haben Nietzsches „Schein"-Begriff und die damit nachdrücklich gemachte Kategorie der schönen Oberfläche bei verborgener Tiefe das letzte Wort im 20. Jahrhundert behalten.

Das absolute Schöne der Kunst und Literatur des 20. Jahrhunderts war ein Erbe des romantisch Schönen des 19. Jahrhunderts und des klassischen Schönen des 18. Jahrhunderts. Diese beiden Schönheiten hatten jeweils eine starke Referenz: Die romantische Schönheit bezog sich auf die geheimnisvollen Archive des Unterbewußten, der nächtlichen Natur und der dämonisierten Geschichte, die klassische Schönheit auf die von der Sonne der teleologischen Aufklärung beschienenen Pfade zur Perfektibilität. Das Verhältnis zwischen klassischer und romantischer Schönheit besteht darin, daß die letztere im Vergleich zur ersteren die starke Referenz schon etwas schwächte. Was den Schönheitscode betrifft, hat die romantische Schönheit ihn aus der funktionalen Ordnung entlassen. Die romantische Schönheit war nicht mehr Funktion von etwas, so wie die klassische Schönheit Funktion von Humanität und Vernunft war. Man kann deshalb Originalität innerhalb der nachromantischen Moderne bis heute daran erkennen, inwiefern keine dieser beiden Referenzen mehr vorhanden ist. Denn wo noch immer Ansprüche auf das Gute und Wahre gemacht werden – und das ist häufig genug noch immer der Fall –, da haben wir es mit einer epigonalen Form von Tradition zu tun, in der das absolute Schöne der Moderne nicht auftauchen kann. Diese historisch dritte Erscheinung des Schönen war also absolut, weil die Referenz, die sie unterhielt, nicht angebbar ist, wie im Falle ihrer beiden Vorgängerinnen. Denn daß sie gar keine Referenz gehabt hätte, wäre eine zu gewagte Behauptung. Überhaupt geht es nicht um die

Ausblendung der tatsächlich im zwanzigsten Jahrhundert weiter existierenden realistischen Kunst, sondern um die Betonung dessen, was neu war: nämlich des Schönen mit Absolutheitsanspruch. Die Kunst war aber absolut, weil infolge der scheinbaren Abwesenheit klarer Referenz ihre sinnlich-imaginative Präsenz umso mächtiger ausstrahlte. Indem das Gute und Wahre, die alten Identitätsgefährten des Schönen, endgültig verschwunden waren, konnte das einsam gewordene Schöne den leeren Platz nur behaupten, wenn es selbst mit Absolutheitsansprüchen auftrat. Und zwar mit besonders extremen, in einer Epoche besonderer Finsternis. Ob seinen beiden alten Nachbarn dabei nicht doch heimlich ein Gastrecht gewährt wurde, ist die seitdem offene Frage.

Dieter Thomä

War das alles?

Vom Glück und seinen utopischen Verrätern

Das zwanzigste Jahrhundert hatte mehr Glück als Verstand. Massenhaft flogen wohlhabende Menschen zu Traumstränden, erschauten Sonnenuntergänge und verwöhnten sich. Nebenbei ruinierten sie, im Unverstand, die Umwelt, aber das tat ihrem Glück erst mal keinen Abbruch.

Oder hatte das zwanzigste Jahrhundert mehr Verstand als Glück? Viel Verstand (nicht: Vernunft) setzten die Deutschen ein, um die Logistik des Völkermords zu perfektionieren, und so bleibt einem beim Rückblick auf dieses Jahrhundert die Frage nach dem Glück im Halse stecken. Genau dort ist sie am richtigen Platz: im Hals. Man laboriert an ihr, kann sie weder ausstoßen noch verdauen und hält auf diese Weise dem Glücks-Kloß die Treue. Im Wechselbad der Geschichte mag man sich drehen und wenden, wie man will: Die Frage nach dem Glück wird man nicht los. „Die Welt ist so schön bei allem Graus“, schrieb Rosa Luxemburg – im Gefängnis.

Was ist also der Beitrag dieses Jahrhunderts zu diesem alten, immer jungen Menschheitstraum vom Glück? Ausgeträumt ist er nicht, er wurde vielmehr weitergeträumt in drei großen Projekten, die allesamt ebenso ehrgeizig waren wie suspekt. Doch wie die Glut in den Nischen am längsten hält, so hat das Glück bislang am ehesten dort überlebt, wo es sich hinflüchten mußte: in den Ecken, wo es Schutz suchte vor jenen Großfeuern, die das Glück im Lodern verzehrt und vernichtet haben. Die Glücks-Geschichte des zwanzigsten Jahrhunderts lebt also von einem Paradox:

Was vom Glück zu erfahren und zu leben war, wuchs unverhofft, wie ein Mauerblümchen, am Rande der Projekte, die auf der Suche nach ihm waren: Es ergab sich im Widerstreit von Macht und Ohnmacht, Programm und Störung.

Drei Großprojekte des Glücks hat es, so meine ich, in diesem Jahrhundert gegeben, und wer beim Glück nach dem Rechten sehen will, muß sich wohl oder übel an deren Spuren heften, um es zu finden – mag er dabei auch in Schädelstätten oder auch, im Glücksfall, nur in Vergnügungsparks geraten. Bei jenen Großprojekten geht es um die Vertagung, Veralltäglichung und Technisierung des Glücks. Man kann sagen, daß sich aus ihnen fast so etwas wie eine kleine Geschichte dieses Jahrhunderts ergibt – ein Jahrhundert-Streit ums Glück.

Wenn die Zeiten schlecht sind, läßt man alle Hoffnung fahren. Wohin? In die Zukunft. Dort, vertagt auf bessere Zeiten, läßt sich das Glück in den schönsten Farben ausmalen. Man will das Leben schmieden, solange es heiß ist, und mit Leidenschaft haben die Menschen zu Beginn dieses Jahrhunderts Orte aufgesucht, wo sie die utopische Hitze schon meinten spüren zu können. Bis 1901 suchte Paul Gauguin das Paradies in Tahiti, besann sich dann aber eines Besseren, nämlich der Insel Hiva-Oa im Marquesas-Archipel. Heinrich und Julius Hart, die pünktlich im Jahr 1900 die „Neue Gemeinschaft“ in Berlin gründeten, meinten den idealen Platz für „Weihefeste“ und „Liebesmahle“ in einem ehemaligen Säuglingsheim in Schlachtensee gefunden zu haben; die Frauen ergingen sich dort im Glück ohne Korsett.

Doch irgendwie waren all diese Welten zu klein für große Hoffnungen. Zur drängenden Sehnsucht konnte maßstabgerecht nur ein weit größerer „Glücksbau“ (Ernst Bloch) passen, eine ganz andere Gesellschaft. Zum Beispiel das „Land der Glücklichen“, das der russisch-litauische Schriftsteller Yan Larri in einem 1931 erschienenen utopischen Roman beschrieb. Bald schon würden wir ein Leben führen, so meinte er, das vorwiegend aus Gelächter und einem musikuntermalten Picknick am Seeufer bestünde; zum Wohnen stellte er die Hotels „Zum glücklichen Fischer" und „Zum fröhlichen Piloten" zur Verfügung. Die Horrorvision zu diesem utopischen Vergnügungspark findet sich in einem der größten zornig-traurigen Bücher dieses Jahrhunderts, Jewgenij Samjatins „Wir". Darin heißt es am Ende: „Ihr seid vollkommen, ihr seid wie Maschinen, der Weg zum vollkommenen Glück ist frei." Stalin übrigens fand Yan Larris „Land der Glücklichen" gar nicht oder allzu lustig und schickte ihn ins Straflager; die Logik der Utopie trieb er seinerseits ins Extrem: Er trat die Gegenwart mit Füßen und richtete für die Verwirklichung einer anderen Welt ein Blutbad an.

Vor solchen Unternehmen immerhin scheint die Menschheit inzwischen zurückzuschrecken; die gewaltige Schiebung mit Glücksutopien ist am Ende des Jahrhunderts derart in Verruf geraten, daß sie – zum Glück – kaum mehr Anhänger findet. Doch Achtung: Man darf das Glück nicht mit dem Blutbad ausschütten. Wie das Glück von der Utopie verraten wurde, so auch von ihrem müden Nachfolger: der Ernüchterung.

Kleinere Brötchen soll man backen? Die schmecken sowieso besser. Am äußersten Rand der utopischen Großprojekte sind doch auch in diesem Jahrhundert Entdecker in Glücksdingen fündig geworden: Belehrt von den Katastrophen entwickelten sie eine ins Äußerste gesteigerte Neugier auf die unzerstörten Orte, an denen das Glück doch zu finden war – Orte, die vielleicht früher weggerutscht wären ins Idyll.

Zum Vertagen des Glücks auf künftige Zeiten oder auf Nimmerwiedersehen gehört das Verachten der Gegenwart. Manchmal mag sie das verdient haben, aber da man doch ohne diese Gegenwart gar nicht leben kann, bekommt die

Glücksvertagung etwas Selbstzerstörerisches. Auch der Philosoph Theodor W. Adorno betrieb diese Zerstörung, als er erklärte, im „Verblendungszusammenhang" dieses Jahrhunderts verflüchtige sich die „subjektive Fähigkeit zum Glück". Er legte die Latte fürs Glück so hoch, daß mit Fehlversuchen auch der sportlichsten Zeitgenossen zu rechnen war. Doch Adorno war kein Anhänger der reinen Lehre utopistischer Überheblichkeit; er spürte den Spuren gelingenden Lebens nach wie ein trauriges Trüffelschwein, das vor der Saison sucht. Und das Werk seines Weggenossen Walter Benjamin, von dem behauptet worden ist, ihm sei das Glück fremd, ist von diesem Wort durchzogen wie von einem Goldfaden. Benjamin fand es etwa beim neuen Tag, der „wie ein frisches Hemd auf unserm Bett liegt", bei „Micky-Maus", die ganz mit sich im Reinen sei, und bei den „Runzeln" der Geliebten, zu denen er sich flüchtete wie ein Vogel in sein Nest. Das zwanzigste Jahrhundert – es ist auch eine reiche Sammlung solcher Momente. „Viel thuet die gute Stunde", hieß es schon bei Friedrich Hölderlin in „Das Nächste Beste".

Nach der Katastrophe totalitärer Glücksversprechen kam der Siegeszug der Individualisierung, und mit ihm hat ein neues Großprojekt begonnen: die Veralltäglichung des Glücks. Ihre Verfechter halten sich an den alten Satz, jeder sei seines Glückes Schmied, und legen ihn so aus, daß jeder sein Glück sowieso nach Belieben zurechtklopfen und in Form bringen könne. Die Idee des Privat-Glücks wird ausgerufen – manche haben davon dann mehr, die meisten weniger. Das Glück löst sich auf in ein wildes Sammelsurium von Hobbys und ein reiches Repertoire von Genußmitteln. In der Fernsehsendung „life" und im Modewort „Wellness" feiert dieses Glücksprojekt seine aktuellen Triumphe: Es gibt irre viele Sachen, die echt Spaß machen und total gut tun.

Ist dem Glück mit dieser Vervielfältigung, dieser Zerbröselung im Alltag gedient? Der Philosoph Hans Blumenberg hat einmal gesagt: „Daß es vom Glück keinen objektiven Begriff gibt, ist ein Glück für uns." Recht hat er, und nach dem Schindluder, das in diesem Jahrhundert mit diesem Wort getrieben worden ist, möchte man vor jedem, der das Glück festlegen will, die Flucht ergreifen und übt sich in Respekt und Toleranz für die Neigungen der Nachbarn – von Schrebergarten bis Sadomaso. Das heißt aber nicht, daß beim Glück nun der faule Frieden der Beliebigkeit ausgebrochen sei.

Dieses Wort tut sich, anders als Lust und Leidenschaft, mit dem Plural schwer: Von „vielen Glücken" kann keine Rede sein. So scheint das Glück doch etwas Besonderes, geradezu Exklusives zu bleiben: ein Seelenzustand jenseits einzelner Genüsse. Um die Atmosphäre zu beschreiben, die das Glück jenseits der Veralltäglichung umgibt, wurde in diesem Jahrhundert oft ein Wort genannt, für dessen Entdeckung im Glücksgebiet ihm immerhin ein Kompliment zusteht: „Frieden". Einer der schönsten dazu passenden Sätze stammt von Max Horkheimer: „Wer glücklich ist, bedarf nicht der Bosheit."

Im zwanzigsten Jahrhundert waren es vor allem die leicht melancholischen Figuren, die auf diesem ganz besonderen Glück beharrten und es von Erfolgsprämien und Freizeitspaß abhoben: Steffi Graf und Robert Musil zum Beispiel. Sie sagte: „Oft denke ich mir: Du hast so vieles, was andere sich wünschen, aber trotzdem bist du vielen Dingen gegenüber so negativ eingestellt. Ein großes Turnier zu gewinnen, ja natürlich, das ist schön. Aber Glück? Glück ist so selten." Er sagte: „Ich glaube, daß wenig Menschen ganz unberührt davon bleiben, daß es statt ihres Lebens auch ein anderes gäbe, wo man, mit einem trivialen Wort, glücklich ist, nicht nur sich nervös plagt."

Hektik ist der Herold der Ermüdung. Und so darf man vermuten, daß sich die nervöse Betriebsamkeit irgendwann legen wird, mit der die Menschen zur Zeit ihr Wohlbefinden im Reigen der Vergnügungen auf Trab halten. Aus diesem Reigen fällt das Glück doch heraus, und so scheint es auch diesem zweiten Großprojekt, dem es in diesem Jahrhundert ausgesetzt war, zu entschlüpfen – sei es auch nur als bucklicht Männlein, das bei den Menschen immer wieder, in den Betriebspausen der Genußindustrie, ein offenes Ohr findet mit der Frage: Ist das alles?

Von vornherein unbeliebt war diese Frage bei den Anhängern des dritten großen Glücksprojekts in diesem Jahrhundert. Sie sahen in dem Zauber, der um das Glück verbreitet wurde, nur eine Vernebelung des Lebens und setzten lieber auf dessen Technisierung.

Schon Anfang dieses Jahrhunderts erforschte Josefa Ioteyko im Brüsseler „Physiologischen Institut“ die „Psychotechnik“ des menschlichen Lebens, um sie zu optimieren und damit für „mehr Glück“ zu sorgen. Wsewolod Meyerhold entwickelte die „Biomechanik“ und wollte die „Lebensfreude des Proletariats“ steigern. George Grosz modellierte den „Republikanischen Automaten“, in dem er ein Bild funktionierenden Lebens sah. Es sollte laufen wie eine Maschine – ohne Unwucht, rund und wie geschmiert. Zeitweise entfaltete diese Idee bei zahlreichen Wissenschaftlern und Künstlern starke Anziehungskraft – und dies war im Zeitalter des „Innerlichkeitshokuspokus“ (Raoul Haussmann) kein Wunder. Gesucht wurde nach der perfekten Übersetzung des Glücks in technisch steuerbare Faktoren – ein Unternehmen, mit dem man den Streit um diese Herzensangelegenheit endlich erledigt hätte.

Dieses Unternehmen ist in jüngster Zeit wieder in Fahrt gekommen, und heutzutage schlägt man sich vor allem mit der Frage herum, was denn zu tun sei, wenn das Leben nicht mehr rund läuft oder noch ein bißchen besser funktionieren soll. Nötig ist dann, wie bei Maschinen üblich, entweder eine Reparatur oder – bekannt vor allem von Opel Manta, Dreier-BMW und amerikanischen Schulkindern – Tuning.

Halten wir uns an die Schulkinder: 800 000 Rezepte für die Happy Pill Prozac und deren pharmazeutische Vettern Zoloft und Paxil sind im vergangenen Jahr in den Vereinigten Staaten ausgestellt worden. Die amerikanische Jahresproduktion von Ritalin, einem ähnlichen Mittel, verzehnfachte sich im vergangenen Jahrzehnt auf rund 15 Tonnen. Der biotechnische Pannendienst verspricht Abhilfe gegen das, was in dem Nachrichtenmagazin „Time“ kürzlich ein „no-fun life“ genannt wurde. Was wäre denn, so wurde in „Time“ gefragt, wenn dank der Pillen „all unsere Kinder ein bißchen glücklicher würden? Haben wir ein Problem damit?“ Glück – das mag noch auf den Etiketten der Programme stehen, von denen hier die Rede ist, doch eigentlich geht es bei diesem pharmazeutischen Lebens-Tuning nicht um befangene Selbstauskünfte, sondern um meßbare Leistungsdaten.

Ob dieses letzte große Glücksprojekt Erfolg haben wird, ist am Ende dieses Jahrhunderts noch nicht abzusehen. So ist auch noch unklar, wo sich das Glück herumtreiben wird, ob es also vor diesem Großprojekt – wie schon vor den anderen – fliehen und anderswo Schutz suchen wird. Zu Beginn des Jahrhunderts sah Max Weber das Scheitern der Technisierung freilich schon besiegelt: „Daß man in naivem Optimismus die Wissenschaft, das heißt: die auf sie gegründete Technik der Beherrschung des Lebens, als Weg zum Glück gefeiert hat – dies darf ich wohl ganz beiseite lassen. Wer glaubt daran? – außer einigen großen Kindern auf dem Katheder oder in Redaktionsstuben?“ Ein paar mehr werden es inzwischen allerdings geworden sein.

Was hat das Glück überhaupt in der Geschichte der Menschheit zu suchen? Es gibt eine stattliche Tradition, die davon gar nichts hält. Sie führt von Hegels Satz, die Zeiten des Glücks seien die „leeren Blätter“ im Buch der Weltgeschichte, über Jacob Burckhardts Vorschlag, den „Ausdruck ‚Glück‘ aus dem Völkerleben loszuwerden“, bis zu Sigmund Freuds Bemerkung, die Absicht, daß der Mensch glücklich sei, sei „im Plan der ‚Schöpfung‘ nicht enthalten“.

Diese Sätze sind so gedeutet worden, daß im Ernst des Lebens und der Geschichte aufs Glück keine Rücksicht genommen werden dürfe. (Und ist das Leben nicht immer ziemlich ernst?) Sie sind aber auch ganz anders verstanden worden: nämlich als ein – etwas ungeschicktes – Kompliment an das Glück, das sich freischwimmen kann von der geschichtlichen Dynamik, in die es eingespannt werden soll, und sich der Zeit entzieht, in der ihm seine Einmaligkeit und Eigenständigkeit genommen wäre.

In der Tat hat gerade dieses Jahrhundert – bei all dem Hin und Her der Angriffe und Apologien, die dem Glück gegolten haben – genau diesen Grundzug am Glück, den Ausstieg aus der Zeit, besonders stark markiert. Noch vom neunzehnten Jahrhundert aus wurden dafür die Vorlagen geliefert: mit Nietzsches These, zum Glück gehöre das „Vermögen, während seiner Dauer unhistorisch zu empfinden“, und mit Dostojewskis Ausspruch, für den glücklichen Menschen gebe es keine Zeit mehr, „weil sie dann gar nicht mehr gebraucht wird“. Und wenn man dann die lange Reihe der Glücks-Zeugen des zwanzigsten Jahrhunderts aufruft, dann merkt man, wie diese Einsicht ins Glück bei ihnen weiter gedeiht: bei Ludwig Wittgensteins Glück in der „Unzeitlichkeit“ der Gegenwart, bei Virginia Woolfs Traum, daß das „Leben für einen Augenblick Ruhe“ gebe, bei Albert Camus' Sisyphos, der als „Herr seiner Zeit“ ein „glücklicher Mensch“ ist, und bei zahllosen anderen. Das unheimlichste Zeugnis aus dieser Reihe findet sich in Imre Kertész' „Roman eines Schicksallosen", der Geschichte seiner Jugend im KZ. Sogar dort, „bei den Schornsteinen", fand er etwas, „das dem Glück ähnlich war": „in der Pause zwischen den Qualen".

Den Glücklichen des zwanzigsten Jahrhunderts gelingt ein echter Coup. Sie können sich kurzerhand für all die Schändungen rächen, die in ihm angerichtet worden sind. Die Revanche besteht darin, ihre Zeit einfach zu vergessen, sie ungeschehen zu machen. Die Glücklichen im zwanzigsten Jahrhundert leben, als gäbe es dieses Jahrhundert gar nicht. Und was könnte man sich Schöneres wünschen?

Milos Več

Die Norm begräbt den Staat

Die vernormte Welt besitzt viele Peripherien und kein Zentrum: Die Industriegesellschaft hat sich vom Recht verabschiedet

Vielleicht war es nur ein historischer Zufall, der den Vortrag von Fritz Neuhaus über den „Vereinheitlichungsgedanken in der Deutschen Maschinenindustrie" im August 1914 erscheinen ließ. Aber just in dem Moment, da das neunzehnte Jahrhundert seinen Abschied nahm und Europa sich in den ersten industrialisierten Krieg der Weltgeschichte stürzte, druckte die Monatsschrift des Vereins Deutscher Ingenieure das hohe Lied der Standardisierung, das der Generaldirektor der Firma Borsig kurz zuvor bei der 55. Hauptversammlung des VDI vorgetragen hatte. Nicht nur wegen dieser Koinzidenz erscheint der Text aus heutiger Sicht wie eine heimliche Programmschrift des zwanzigsten Jahrhunderts.

Neuhaus bilanzierte die Fortschritte des neunzehnten Jahrhunderts und sah, welche Erfolge die Vereinheitlichung in allen Bereichen der Technik und Wirtschaft beschert hatte. Standardisierte Maße, Gewichte und Münzen hatten die Verwirrung vergangener Zeiten überwunden. Die Ikonen des Fortschritts Weltverkehr, Weltmarkt und Weltzeit – standen in vollem Glanz, weil die Nationalstaaten nach innen und außen erhebliche Synchronisierungsleistungen erbracht hatten. Was nach seiner Vorstellung nun folgen sollte, war die konsequente Ausweitung dieses Gedankens. Unter dem Banner der Effektivierung zeichnet sich hier das große gesellschaftliche und politische Programm der „Normung", „Normierung" und „Normalisierung" ab.

Nicht zufällig umfassen alle drei Begriffe sowohl technische wie soziale Sachverhalte. Auch bei Neuhaus klingt die Vereinheitlichung der Maschinenteile zusammen mit der Vereinheitlichung der Rechtsbeziehungen. Denn von der Vereinheitlichung der Vernietungen im Schiffsbau bis zum „Normalvertrag mit Beamten" oder den „Vorschriften für die Reiseliquidation" ist es nur ein kleiner logischer Schritt: Alles ist zerlegbar, standardisierbar, um maximale Reibungslosigkeit und maximale Beschleunigung zu garantieren.

Denn bereits als das Bürgerliche Gesetzbuch mit seiner naiv-nostalgischen Fiktion der Vertragsfreiheit am 1. Januar 1900 in Kraft trat, diktierten im Alltag „Allgemeine Geschäftsbedingungen" und vorformulierte Verträge das Geflecht an rechtlichen Beziehungen, in das sich das Individuum begeben mußte, wenn es Geld verdienen oder Geschäftsbeziehungen eingehen wollte. Was im neunzehnten Jahrhundert punktuell auf bestimmten Feldern des Arbeits-, Wirtschafts- und Transportrechts begonnen hatte, breitete sich über weite Teile des bürgerlichen Rechts aus.

Nicht nur die Eisenbahn mutete ihren Kunden schon früh formularmäßig empfindliche Haftungsbeschränkungen zu. Auch die Rechtsverhältnisse in den Fabriken gestalteten sich strukturell asymmetrisch: In den aushängenden „Arbeitsordnungen" bestimmten die Unternehmer einseitig die Vertragspflichten ihrer Angestellten. Anfangs regte sich noch manches Unbehagen gegen diese Form von „Privatgesetzgebung", die dem ökonomisch Stärkeren erlaubte, die Rechtsbeziehungen einseitig zu gestalten. Bedrohte diese Ordnung nicht den Gesetzesbegriff? Unterlief sie nicht die Kompetenzen der Parlamente? Doch mangels eines allgemeinen Problembewußtseins und becirct von der Effektivität einer standardisierenden Verkehrsgesellschaft verstummte die Kritik an den „diktatorischen Bestimmungen" bald. Es begann ein

Normen an der Backstraße:
Herstellung von Printen aus Dominosteinen

von Parlament und Rechtswissenschaft weitgehend unbeobachteter Siegeszug der Massenverträge.

Faktisch kaum änderbar sind diese Standardisierungen der Rechtsverhältnisse auch bis auf den heutigen Tag für den einzelnen geblieben; seine Freiheit besteht nur in der Wahl, das Formular zu unterschreiben oder nicht. Erst das verbraucherfreundliche „Gesetz zur Regelung des Rechts der Allgemeinen Geschäftsbedingungen“ von 1976 brachte gesetzgeberisch den bei den Verhandlungen zum BGB am Ende des neunzehnten Jahrhunderts noch schmerzlich vermißten „Tropfen sozialen Öls“ in diesen Teil der bürgerlichen Rechtsordnung.

Die bald folgende Industrialisierung des Krieges belegte nicht nur die gesteigerte Leistungsfähigkeit einer normierten Fabrikation, sie zeigte auch, mit welcher Präzision das Muster der Maschine auch die menschliche Massenvernichtung bewältigen konnte. Unheimlich wurde den Beobachtern der

Staat der Industriegesellschaft aber bald auch aus anderen Gründen. Denn noch während das frühe zwanzigste Jahrhundert den Weg zum souveränen Nationalstaat feierte, begann an vielen Enden seine schleichende Erosion.

Drei Jahre nach seiner Rede wurde Fritz Neuhaus im Dezember 1917 erster Vorsitzender des Normenausschusses der Deutschen Industrie, dem Vorläufer des Deutschen Instituts für Normung (DIN). Fast gleichzeitig hatten alle westlichen Industrienationen in den ersten beiden Jahrzehnten des zwanzigsten Jahrhunderts solche Normungsinstitute gegründet. Überall waren es nicht staatliche Organisationen, sondern privatrechtliche Vereine, die fortan Empfehlungen aussprachen, deren Tragweite nach und nach immer größer wurde. Vom DIN-normierten Papierformat bis zum Grenzwert erfolgen Festlegungen, die man in ihrer Eigenart wahrscheinlich als charakteristisch für die Moderne und ihre Normen ansehen muß.

Denn ihre Geltung beruht – anders als beim staatlichen Gesetz – nicht auf der Androhung von Zwang, sondern sie appellieren an das Kalkül der Adressaten, daß es vernünftiger sei, den Empfehlungen zu folgen als sie zu mißachten. Längst weiß etwa das heutige Umweltrecht, daß auf diese Weise mehr Aussicht besteht, gesetzte Ziele zu erreichen, als wenn mit Freiheits- oder Geldstrafen gedroht wird. Denn die Durchsetzungschancen von (neuen) Gesetzen sind in der Praxis gering. Was den Parlamenten bleibt, ist der Griff zu „symbolischer Gesetzgebung“, der zeigt, wie wichtig das Kommunikative und wie marginal das Instrumentelle politisch ist. Wer fragt noch nach den komplizierten Bedingungen des Gelingens, nach Kosten der Implementation und der Wahrscheinlichkeit des Scheiterns der neuen Norm, wenn der Gesetzgeber eben publikumswirksam seine Entschlossenheit demonstriert hat, das Problem zu lösen? Die staatstragende Beruhigung der beunruhigten Allgemeinheit tritt medial vermittelt schon dann ein, wenn die sozialen Werte parlamentarisch bekräftigt worden sind.

Auch institutionell ist das Erscheinen der DIN-Normen zu Beginn des Jahrhunderts bezeichnend: Sie stammen nicht mehr vom Staat oder seinen Bürokratien, sondern Verbände und Vereine sind ihre Erzeuger. Trotzdem rechnet der Staat ständig mit diesen Vorgaben. Seine gesetzgeberischen Verweise auf den „Stand der Technik“ und auf „Grenzwerte“ sind längst zum Angelpunkt gerade für die besonders brisanten juristischen Entscheidungen bei großtechnischen Anlagen geworden. Denn gerade hier, wo die zivilisatorischen Risiken am größten sind, scheint das Verhältnis von Recht und Technik besonders problematisch. Die Rechtsnormen orientieren sich optimistisch an wissenschaftlich-technischen Standards, die aber oft nicht hinterfragbar sind. Grenzwerte, Fristen und Berechnungsverfahren bilden den materiell entscheidenden Kern an Normen, über die aber kein Parlament abstimmt und die in keinem Gesetzblatt erscheinen. Im Ergebnis führt dies dazu, daß die Definitionsmacht für Risiken einerseits bei demokratisch nicht legitimierten Gremien liegt und andererseits nicht transparent fixiert ist. Daß die Verbände ihre normsetzende Arbeit als „unverbindliche Handlungsempfehlungen“ etikettieren, zeugt mehr von ihrer unanfechtbaren Souveränität, als daß es ein Beleg für das Bestehen staatlicher Anerkennungsvorbehalte wäre.

Doch nicht nur, daß der Staat das Recht längst an Private ausgemünzt hat, es ist nicht einmal mehr der Modus „Recht“, der unsere Entscheidungen steuert. Denn die Rede von den Souveränitätsverlusten der Nationalstaaten an Private oder halbstaatliche, transnationale und internationale Organisationen darf nicht übersehen lassen, daß sich die neuen Entscheidungszentren auch neuer Instrumente bedienen. Daß Europa uns kaum noch mit Gesetzen, dafür aber reichlich mit Richtlinien und Verordnungen versorgt, scheint noch aus den nationalen Bürokratien vertraut zu sein. Wie aber ist damit umzugehen, daß diese Produkte eigentlich kaum noch an Recht im herkömmlichen Sinne erinnern? Die Anknüpfung an die Unterscheidung Recht/Unrecht, die als konstitutiv für die Rechtsqualität von Normen betrachtet wird, spielt für sie kaum noch eine Rolle. Ihre Normen sind so technisch wie die eines Betonkalenders; „Abweichung", nicht „Unrecht" markiert die Überschreitung.

Vielleicht ist es symptomatisch, daß dieser Abschied vom Recht gerade beim Internet ablesbar ist: es mag vielen moralisch und politisch so zwielichtig erscheinen wie der päpstlichen Zensur einst der frühe Buchdruck, regellos ist es nicht. Seine „Gesetze" stützen sich auf ein privates Konsortium der Industrie, „W3C" genannt, das Empfehlungen ausspricht: für technische Standards, aber auch für Datensicherheit und Jugendschutz. Rechtsvermeidung und Entstaatlichung der Normen scheinen gerade hier die kommenden Parolen zu sein.

Diese modernen Regelungen privater Regierungen wachsen je nach Bedarf an den Peripherien und Schnittstellen der Gesellschaft, hervorgebracht von Akteuren, die keine andere Legitimation als ihr aktuelles Interesse haben. Entsprechend schwach sind die Schutz- und Freiheitsgarantien der Normen ausgebildet, entsprechend groß ist ihre Fragmentierung. Wer vermag noch die Rechte der Künstler bei Internet-Einspeisungen zu schützen, wer kontrolliert das Handeln der internationalen Sportverbände? Es gibt kein ordnendes Zentrum, keine Verfassung, und nicht einmal die Versuche der Vereinheitlichung und Harmonisierung durch „Europa" oder andere Akteure sollte man überschätzen. Es wird künftig weder eine Kodifikation des Rechts oder mehrere geben, noch darf man an die Vereinheitlichung des Rechts und der rechtsähnlichen Normen große Erwartungen stellen.

Denn die Globalisierungs- und Europäisierungsprozesse führen mitnichten zu einer Annäherung und Angleichung der einzelnen Rechtsordnungen. Vielmehr sind bereits jetzt mehrfache Aufspaltungen zu beobachten: Zunächst in eine Vielzahl globaler Kulturen, die jede für sich ihr eigenes Rechtsverständnis haben. Darüber hinaus entstehen aber auch zunehmend autonome, nach Funktionen differenzierte Sektoren. So, wie sich bereits jetzt die Wirtschaft ihr eigenes, von nationalstaatlichem Recht und Völkerrecht abgelöstes eigenes Handelsrecht geschaffen hat („Lex mercatoria"), werden auch andere gesellschaftliche Teilbereiche folgen, und zwar mit großer Flexibilität bei der Umgehung der herkömmlichen territorialen Grenzen und Institutionen. Vielleicht wäre die virtuelle Maschine Internet eine gute Metapher für diesen Zustand: Die Gesamtheit ist unüberschaubar, noch in ihren Teilbereichen herrscht vexierende Vielfalt, aber punktuell ist die Effektivität bestechend.

Frankfurter Anthologie

Redaktion: Marcel Reich-Ranicki

BERTOLT BRECHT

Zufluchtsstätte

Ein Ruder liegt auf dem Dach. Ein mittlerer Wind
Wird das Stroh nicht wegtragen.
Im Hof für die Schaukel der Kinder sind
Pfähle eingeschlagen.
Die Post kommt zweimal hin
Wo die Briefe willkommen wären.
Den Sund herunter kommen die Fähren.
Das Haus hat vier Türen, daraus zu fliehn.

Walter Hinck

Atemholen auf der Flucht

Über: *Bertolt Brecht, Zufluchtsstätte*

Während des dänischen Exils auf der Insel Fünen bewohnte Brecht zwischen 1933 und 1939 ein Haus in Skovbostrand bei Svendborg. In wenigen Sätzen werden die Grundverhältnisse der Zufluchtsstätte umrissen. Das Ruder auf dem Strohdach kennzeichnet von vornherein das Domizil als eine nur bedingt sichere Wohnstätte – ein stärkerer Wind oder gar ein Sturm könnte das Dach wegreißen. So wissen wir von Anfang an: Der Bewohner hält sich die Gefährdetheit des Daseins in diesem Haus bewußt. Dennoch richtet er sich nach den Bedürfnissen der Familie ein, dafür zeugen die Pfähle der Kinderschaukel. Mit der Fürsorge für die Kinder wird dem Zukunftsoptimismus ein kleiner Spielraum gewährt. Die Reflexion allerdings – „Wo die Briefe willkommen wären" – deutet auf einen Anflug von Resignation und die Isolation des Emigranten. Immerhin, diese Isolation ist keine Gefangenschaft, Ortswechsel sind möglich; diese Gewißheit verschafft der Anblick der Fähren.

Selbst die Vorläufigkeit der Zuflucht erlaubt das Atemholen (und dem Dichter Brecht, wie wir wissen, Zeit zur Arbeit an bedeutenden literarischen Werken). Lebensmut und Lebensfreude keimen auf. Das spiegelt sich im Mut zur Schönheit der lyrischen Form. In einem anderen Gedicht der dänischen Exilzeit, „Schlechte Zeit für Lyrik", versagt sich Brecht, vom „Entsetzen" über die Reden Hitlers zum Schreibtisch gedrängt, den lyrischen Schmuck: „In meinem Lied ein Reim / Käme mir fast vor wie Übermut." In den

Versen über die Zufluchtsstätte binden Reime die Zeilen in lockerer Weise: der Kreuzreim im ersten, der umarmende Reim im zweiten Teil des Achtzeilers. Allerdings hindern leichte rhythmische Sperren, das Zusammentreffen zweier Hebungen in „wegtragen" und „sind Pfähle", den Leser daran, sich in eine Idylle einzuwiegen.

Denn welche Freiheit ist es, die erhalten blieb? Die Schlußzeile stellt es ernüchternd klar: die scheinbare Freiheit des Gejagten. „Das Haus hat vier Türen, daraus zu fliehn." Türen sind dazu da, daß man eintreten und hinausgehen, Gäste empfangen kann. Fluchtgänge baut sich das Tier, das immer auf tödliche Bedrohung gefaßt sein muß. Wo ein Wohnhaus zur Flucht eingerichtet ist, ist auch der Bewohner, der Mensch einem humanen Dasein entfremdet. Dieses Haus ist eine Zufluchtsstätte ohne Geborgenheit, eine Durchgangsstätte des Flüchtlings.

In buchstäblicherem Sinne, als Brecht bei der Niederschrift des Gedichts ahnen konnte, verwiesen die „vier Türen" auf vier weitere Fluchtwege des Exilierten. Im Frühjahr 1939, als ein Krieg immer wahrscheinlicher wurde, siedelte er nach Schweden über, ein Jahr später nach Finnland. Daß er wiederum ein Jahr darauf über Moskau und Wladiwostok nach Amerika, nach Kalifornien auswich, daß er also den politischen Hoffnungen, die er in die Sowjetunion setzte, selbst nicht traute, zählt zu den Widersprüchen in der Haltung dieses Dichters.

Im Gedicht „An die Nachgeborenen" hat Brecht das Verhältnis der Exilierten, den Zwang zur ständigen Wanderschaft, in einem einzigen Satz auf den Punkt gebracht: „öfter als die Schuhe die Länder wechselnd". Brechts Verse über sein Haus im dänischen Exil greifen weder zum anklägerischen noch zum pathetischen Ton. Sie entwickeln die Situation des Flüchtlings allein aus der konkreten Beschreibung seines Übergangsdomizils. Ich kenne kein Gedicht, das von der Vorläufigkeit der Zufluchtsstätten in unserem Jahrhundert in so lapidarer und bildhaft lyrischer Form spräche wie dieses.

„Die Gedichte von Bertolt Brecht in einem Band". Suhrkamp Verlag, Frankfurt am Main 1981. 1391 S.

ALBRECHT KUNKEL

Formelbuch

$E = mc^2$

Albert Einstein (1879 bis 1955) „gilt heute als Inkarnation der Physik schlechthin", stellte 1981 dessen Fachkollege Emilio Segrè fest. Eine Erklärung für die Popularität Einsteins gab Charlie Chaplin fünfzig Jahre zuvor, als er zusammen mit Einstein zur Uraufführung des Films „City Lights" in Los Angeles vorfuhr: „Ihnen applaudieren die Leute, weil Sie keiner versteht, und mir, weil mich jeder versteht." Immerhin ist von seinem revolutionären Werk außer Begriffen wie Lichtquant oder Raumkrümmung sogar die Gleichung: $E = mc^2$ Allgemeingut geworden. Einstein hatte 1905 aus seiner eben veröffentlichten speziellen Relativitätstheorie den Schluß gezogen, „daß die Masse direkt ein Maß für die im Körper enthaltene Energie ist"; und mit jener berühmt gewordenen Formel (in der c für die Lichtgeschwindigkeit steht) begründete er 1907, daß Masse und Energie überhaupt äquivalent sind.

Dies heißt nicht, daß sich ein Liter Wasser nach dem Ansatz $1\ \text{kg} \times (300\,000\ \text{km/sec})^2$ tatsächlich in 90 Billiarden Joule transformieren ließe. Es bedeutet jedoch, daß ein Teilchen und sein Antiteilchen bei der Kollision in elektromagnetischer Strahlung aufgehen und daß sich umgekehrt ein entsprechend hochenergetisches Photon im Feld eines Atomkerns zu einem Elektron-Positron-Paar materialisieren kann. Schließlich bedeutet es, daß bei der Spaltung wie bei der Verschmelzung von Atomkernen ein geringer Teil der ursprünglichen Masse als Energie frei wird.

Mit solchen zunächst allenfalls spekulativen Konsequenzen taten sich auch führende Physiker schwer. Im Dezember

1938 aber gelang Otto Hahn und Fritz Straßmann durch Beschuß von Uran mit Neutronen die Spaltung von Atomkernen. Ihre nach Schweden geflüchtete Mitarbeiterin Lise Meitner und deren Neffe Otto Robert Frisch fanden kurz darauf die theoretische Erklärung dafür und schätzten mit Hilfe von $E = mc^2$ die Energieausbeute des Vorgangs auf 200 Millionen Elektronenvolt. Niels Bohr reiste Mitte Januar 1939 in die Vereinigten Staaten und überbrachte die sensationelle Neuigkeit. Als einer der ersten erkannte Enrico Fermi, daß sich unter den Fragmenten eines Urankerns weitere Neutronen befinden und weitere Spaltungen auslösen können – damit war das Konzept der nuklearen Kettenreaktion vorgezeichnet. Am 2. August unterzeichnete der Pazifist Einstein einen Brief an Präsident Franklin D. Roosevelt, in dem er Unterstützung für die Entwicklung „extrem gewaltiger Bomben neuen Typs" forderte: Deutschland habe bereits den Verkauf von Uran aus den tschechoslowakischen Bergwerken eingestellt. Nach den Detonationen von Hiroshima und Nagasaki erläuterte Einstein noch einmal seine folgenschwere Formel: Der „prozentual so geringe Anteil" an Masse, der den Zerfallsprodukten abgehe, sei als Energie „so ungeheuer groß, daß er das ganze Unheil mit sich bringt, das abzuwenden das dringendste Problem unserer Zeit geworden ist".

Kerstin Holm

Nach der Realitätsprüfung

Weltherrschaft durch Selbstzerstörung: Rußlands archaische Moderne

Rußland, das rückständige Imperium zwischen Orient und Okzident, ist jahrhundertelang der Schauplatz verzweifelter Bemühungen, eine archaische Staatsform mit den Erfordernissen wirtschaftlicher Modernisierung in Einklang zu bringen. Schon zur vorigen Jahrhundertwende war es weniger als die übrigen europäischen Mächte auf die Anforderungen der neuen Epoche vorbereitet. Der katastrophal unfähige und zugleich auf seinem Selbstherrschertum beharrende Zar Nikolai II. begegnete Modernisierungskrisen und revolutionären Unruhen mit verblendetem Starrsinn und verspäteten scheinkonstitutionellen Zugeständnissen. Rußlands Monarchie war die erste, die an der grausamen Realitätsprüfung des Ersten Weltkriegs zerbrach. Der Mangel an einem allgemeinen Grundkonsens und eigenständigen Institutionen machte das Land dann zur Beute einer kleinen Verschwörergruppe, die mit ihm das radikalste gesellschaftliche Experiment veranstaltete, welches die Welt erlebt hatte. Mit der Vision eines von den Fehlern des Westens gereinigten Fortschrittsprogramms warf sich das kommunistische Rußland mit solcher Wucht auf die Überholspur der Geschichte, daß es den halben Globus mitriß.

Das Projekt, eine kommunistische Mustergesellschaft zu errichten, wurzelte in der deutschen Philosophie, war inspiriert von deutscher Ordnung und Effektivität und wurde in der kritischen Anfangsphase durch die Unterstützung der gegen Rußland Krieg führenden deutschen Regierung überhaupt erst ermöglicht. Deshalb ist es unter bodenständigen Russen heute Mode geworden, die eigene Geschichte als das Ergebnis einer deutschen Verschwörung zu betrachten. Dabei trägt das sowjetsozialistische Modell unverwechselbar russische Züge. Lenin, der jetzt von einigen seiner Landsleute als deutscher Spion geschmäht, von anderen als eine Art Jesusfigur vergöttert wird, war ein Produkt der revolutionären Intelligenzija. Lenins große Belesenheit und sein fanatischer Glaube an die Möglichkeit, im unentwickelten Rußland den Sozialismus einzuführen, verklärten sich für spätere Generationen in die geniale Weitsicht des Staatsgründers. Daß er seine europäische Bildung als rein technisches Instrumentarium für die Machtausübung einsetzte und bei diesem Geschäft eine höchst uneuropäische Geringschätzung für das menschliche „Material" seiner Heimat an den Tag legte, stellt ihn hingegen in die Tradition russischer Politik, insbesondere eines Revolutionärs auf dem Zarenthron wie Peter der Große.

Lenin legte die Fundamente für den ersten totalitären Staat der Geschichte. Zum ersten Mal gehört systematischer Terror von Anfang an zu den Regierungsmitteln der Staatsmacht. Konzentrationslager für die eigene Bevölkerung selbst in Friedenszeiten werden zur ständigen Einrichtung. Zum ersten Mal wird ein Staatsvolk auf einen „Führer" (woschd) eingeschworen. Es begann die negative Auslese, die Vernichtung der Eliten – der Intellektuellen, Aristokraten, der Bourgeoisie, des Klerus bis hin zu den fähigen Bauern –, weshalb viele Russen sich heute, gleichsam als nachträgliche Bestätigung finsterster Rassentheorien, als ein genetisch minderwertiges Volk ansehen. Damals freilich und noch lange später räumten viele Russen und ausländische Beobachter dem neuen Regime, das ja die Menschheit zu befreien versprach und ein wissenschaftliches Rezept für ihr Zusammenleben zu besitzen behauptete, einen Vorschußkredit ein. Sie betrachteten, zumal die Revolutionen in Europa scheiterten und die sozialen Probleme des Kapitalismus unlösbar schienen, seine Entwicklung durch die Brille hoffnungsvoller Sympathie.

Lenins Leistung bestand vor allem in der Installierung seiner Diktatur und dem Abriß des vorhandenen Gebäudes. Als er 1924 starb, hinterließ er ein enteignetes, geköpftes, wirtschaftlich ausgeblutetes Gemeinwesen, dem er nach den desaströsen Requirierungskampagnen des Kriegskommunismus mit der liberalen Neuen Ökonomischen Politik erlaubt hatte, sich auf primitivem Niveau zu regenerieren. Den eigentlichen Aufbau der neuen Gesellschaft nahm Stalin in Angriff. Die Zwangskollektivierung, die faktische Versklavung des Bauernstandes und die quasimilitärische Mobilisierung der Massen ermöglichten den großen Sprung nach vorn, die forcierte Industrialisierung. Nicht versiegende und potentiell jeden bedrohende Säuberungswellen verhinderten die „Verbürgerlichung“ der neuen Strukturen. Den selbstzerstörerisch hohen Preis an Menschen und Material nahm man in Kauf, im Vertrauen auf die unerschöpflichen Ressourcen des Landes.

Das Bewußtsein, ein dem auf Ausbeutung und Habsucht gebauten Kapitalismus überlegenes System zu besitzen, wirkte beflügelnd. Der wissenschaftstheologische Glaube an den Kommunismus, der religiöses Erlösungsbegehren in „objektiver“ Diesseitigkeit zu befriedigen versprach, erstrahlte vor dem Hintergrund der erbärmlichen Lebenswirklichkeit in Rußland um so heller. Die Kunst warf die Bürde empirischer Gegenstände ab und erschuf neue Universen. Die politische Mythologie beschwor das schönste Produkt der großen Umschmelzung, den vom Egoismus geheilten, ganz im Allgemeinwohl aufgehenden Neuen Menschen. Ausländische Sympathisanten kamen nach Rußland, um an dem herrlichen Werk mitzuarbeiten.

Der russische Kommunismus erzielte eine Synthese zwischen der alten russischen Staatsidee und dem Modernisierungsprojekt, die in der Vergangenheit miteinander kollidiert waren. Zu den Erbstücken der in der Orthodoxie wurzelnden utopischen „Russischen Idee" gehören die Doktrin von Rußlands Sondermission und der Verschmelzung der Gesellschaft zur Gemeinschaft, insbesondere der gegen die Eliten gerichtete mystische Bund des Herrschers mit dem einfachen Volk, der sich unter Stalin zu einer Art orientalischer Herrschervergottung steigerte. Die russisch-romantische Verachtung für widerstreitende Interessen und deren „formalistische" Kanalisierung durch gesetzliche Spielregeln oder öffentliche Debatten wurden polizeistaatlich radikalisiert.

Zwar hat die Sowjetunion durch den Molotow-Ribbentrop-Pakt den Zweiten Weltkrieg mit ausgelöst. Doch Hitlers Überfall und die Allianz mit den Westmächten machten das Land zum Opfer und später zum Sieger für die gerechte Sache und blieb bis zuletzt die wichtigste Selbstlegitimierung der Sowjetmacht. Spätestens nach dem Krieg, der Stalins Mobilisierungspolitik zu bestätigen schien, beeindruckten die Errungenschaften des Sowjetsystems die ganze Welt. Moskau besaß den größten Flächenstaat der Geschichte. Es beherrschte Osteuropa und exportierte die Revolution nach China, Nordkorea, Kuba und nach Afrika. Es entwickelte die Atombombe und schickte den ersten Menschen ins Weltall. Nach Chruschtschows 20. Parteitag schien es sogar fähig, sich von seinem repressiven Erbe zu reinigen. Doch das Herunterfahren der Terrormaschinerie brachte im Land selbst vor allem die innere Verwüstung, grob-dekadenten Zynismus und Korruption ans Tageslicht.

Im Westen schrumpfte nach Erscheinen von Solschenizyns „Archipel GULAG" die Sympathisantengemeinde auf den harten Kern der Verblendeten und Zyniker zusammen.

Ein Schafhirte erfährt von Juri Gagarins Flug ins All

Doch erst nachdem das wirtschaftliche Polster des Ölbooms verlorenging und das Regime in Afghanistan militärisch gedemütigt wurde, befielen auch die Nachlaßverwalter von Breschnews „Stagnation" ernste Sorgen um die Überlebensfähigkeit des Systems.

Als der Erneuerer Gorbatschow 1985 an die Macht kam, ahnte niemand, daß die stolze Sowjetunion unter seinen Renovierungsbemühungen innerhalb weniger Jahre implodieren würde. Gegen seinen Willen bewies Gorbatschow der ganzen Welt, daß Sozialismus mit menschlichem Gesicht nicht funktioniert. Davon wurden die realitätsblinden Reformkommunisten ebenso überrascht wie die Koryphäen der westlichen Sowjetologie. Die Zerstörungen des Kommunismus für das betroffene Land haben sich als nachhaltiger erwiesen als die der Faschismen, gerade wegen seiner verführerischen Paradiesvisionen, welche das wirtschaftlich-rechtliche Management ersetzen, und weil er die gesamte Gesellschaft entwurzelt. Der vom Kommunismus geformte Mensch hat sich als der alte Adam erwiesen, dessen zivilisatorische Lackschicht allerdings beunruhigend dünn ist.

Das historische Verdienst des russischen Kommunismus scheint vor allem darin zu bestehen, der Menschheit vorgeführt zu haben, welcher Weg in jeder Hinsicht in die Irre führt. Trotz niedrigen Konsumniveaus sind die ökologischen Verwüstungen der extensiven Wirtschaft horrend. Der kapitalistischen Welt, wo das kommunistische Projekt soziale Reformen vorangetrieben hat, ist die fruchtbare Herausforderung durch eine vermeintliche Alternativzivilisation verlorengegangen, aber auch eine Projektionsfläche für eskapistische Träume, die sich mit gesteigerter Nostalgie auf die russische Avantgardekunst richten.

Das russische Heimatland tut sich schwer damit, aus seinem gescheiterten Experiment die Lehren zu ziehen. Einigkeit besteht allenfalls darüber, daß Terror und Utopie falsch waren. Doch die Verantwortlichen für die Untaten des Regimes sind nicht auszumachen. Herrscher und Beherrschte wollen sich gleichermaßen als Opfer beziehungsweise Betrogene des Systems betrachten, obwohl an dessen Verheißungen schon jahrzehntelang niemand geglaubt hatte.

Wie vor hundert Jahren fehlt ein Konsens über gesellschaftliche Grundwerte. Die von Präsident Jelzin verkündete Suche nach einer nationalen Idee blieb ergebnislos. Es gibt keine starke politische Partei, die bürgerliche Prinzipien vertritt. Das Schlagwort von nationaler Größe taugt ebenso zur Ablenkung von inneren Problemen wie als Bündnisparole von Rechts- und Linksradikalen. Die öffentliche Debatte kreist nicht um politische Inhalte, sondern um starke Männer und vertikale Machteffizienz.

Die vor allem mit dem Kampf ums eigene Überleben beschäftigte politische Führung besitzt keine Vision oder Strategie für die Zukunft des Landes. Statt dessen klammert sie sich, verfolgt von der Horrorvision, Rußland werde zerfallen wie einst die Sowjetunion, an die traditionelle Rolle als Großmacht und Imperium, wie die jüngste Kampagne in Tschetschenien wieder einmal unter Beweis stellt.

Dabei hat sich der erste postsowjetische „Zar“, der das Wohl seiner Familie über das des Staates stellte, mit seiner Mischung aus Unfähigkeit und Machthunger für die Entwicklung des Landes als ähnlich verhängnisvoll erwiesen wie der letzte Romanow. Und als wolle Präsident Jelzin das Verdikt jener politischen Kommentatoren noch überbieten, welche die Fädenzieher seines Klans als „kollektiven Rasputin“ titulieren, hat er mit dem Geheimdienstler Wladimir Putin einen Mann zum Regierungschef und Wunschnachfolger erkoren, dessen Namensähnlichkeit mit dem machthungrigen Scharlatan am Zarenhof abergläubisch machen kann.

Zu einer unglücklichen Gesellschaft gehören indes zwei Seiten, die vergewaltigende Staatsmacht und die Basis, die sich mißhandeln läßt. Die phänomenale Duldsamkeit der russischen Bevölkerung, die sich aus resigniertem Zynismus ebenso speist wie aus dem orthodoxen Leidenskult, wonach sich das Gottesträgervolk durch Passivität eine bessere Zukunft verdient, stabilisiert die Instabilität. Wenige sehen, daß im Nichtstun ein höchst folgenreiches Handeln enthalten sein kann.

Auch wenn Nationalmythologen wie Solschenizyn das Sowjetsystem für Rußland zutiefst wesensfremd halten, werden das von ihm ererbte Nomenklaturaprinzip, die ineffektive Staatswirtschaft und die entrechtete Volksmehrheit weitergeschleppt. Exkommunisten holen nach Kräften die einst verpönte Selbstbereicherung nach. Dinosaurier-Kommunisten beschwören die angeblich verratenen, segensreichen Prinzipien Lenins. Der Normalbürger versucht sich in einem kriminalisierten Nomenklatura-Kapitalismus zurechtzufinden, wie ihn die alte Sowjetpropaganda kaum häßlicher hätte malen können.

Heute ist das ressourcengesegnete Land hoch verschuldet und abhängig vom Konsumgüterimport. Noch immer kann es sich nicht ernähren und lebt von der eigenen Rohstoffsubstanz. Die Großmachtansprüche äußern sich zunehmend in Drohungen mit dem russischen Zerstörungs- und Selbstzerstörungspotential, in Gestalt mangelhaft kontrollierter Nuklearwaffen, Finanzkrisen, Umweltzerstörung und Kriminalitätsexport. Sehr allmählich wird dem Land seine eigentliche historische Rolle bewußt, Bollwerk zu sein gegen die Expansion Chinas und des Islam. An der Schwelle des neuen Jahrhunderts freilich scheint es schlechter gerüstet dazustehen als zu Beginn des alten.

Frank Schirrmacher

Nachbemerkung

Jetzt werden wir selber historisiert. Nicht lange hin, und wir, Abkömmlinge des zwanzigsten Jahrhunderts, werden nur noch Erinnerung an ein vergangenes Jahrtausend sein.

1933 hielt Thomas Mann seinen berühmten Vortrag „Leiden und Größe Richard Wagners". Er beginnt mit dem Abschied vom neunzehnten Jahrhundert. Thomas Manns Rede, deren politische Folgen enorm waren, ist so etwas wie Hannos Schlußstrich unter dem Familienbuch: „Ich dachte, es käme nichts mehr."

Dreißig Jahre allenfalls noch, und das Jahrhundert, das diese Reihe beendet, ist unwirklich gewordene Erinnerung. Dreißig Jahre, das ist weniger, als uns heute von den Exponenten und Affekten von 1968 trennt. Wir, die Jahrhundertendbewohner, sind im Begriff, den Mantel umzulegen, unsere Wohnungen und Häuser abzuschließen und aufzubrechen aus den Städten und Wohnorten des zwanzigsten Jahrhunderts.

Bei Gottfried Benn kann man nachlesen, wie ein poweres brandenburgisches Dorf die Silvesternacht 1900 feierte. Paradieserwartung, Glücksvorschein und vor allem großes Selbstbewußtsein. Von alldem ist nichts geblieben. Am wenigsten vom Selbstbewußtsein. Die bürgerlichen Gesellschaften gehen gebrochen, freilich auch selbstironisch und ernüchtert in das neue Jahrhundert.

Bemerkenswert ist, wie wenig Antwort die Kunst auf diese Stimmungslage findet. Sie hat schon vor hundert Jahren alles vorausgesehen, auch aufgeschrieben und abgemalt – womöglich wartet sie auf ihre nächste große Stunde, auf den Moment ihrer nächsten großen Vorhersage, so wie sie einst mit Kafkas „Strafkolonie“ das zwanzigste Jahrhundert vorhersagte. Wir können nicht sagen, daß uns dieses Warten sehr beruhigt.

Die „Frankfurter Allgemeine Zeitung“ hat unter großer Resonanz des lesenden Publikums im Jahre 1999 noch einmal die Jahrhunderte des vergehenden Jahrtausends abgezählt und aufgeführt. Jetzt nehmen wir Abschied. Abschied vom letzten der Jahrhunderte; Abschied also von uns selbst.

Die Autoren

KARL HEINZ BOHRER, geb. 1935, ist emeritierter Professor für Neuere Literatur an der Universität Bielefeld.

CHRISTOPH CONRAD, Dr. phil., geb. 1956, ist Geschäftsführender Leiter des Zentrums für Vergleichende Geschichte Europas an der Freien Universität Berlin.

DONATA ELSCHENBROICH, Dr. phil., geb. 1944, arbeitet am Deutschen Jugendinstitut in München.

ROSE-MARIA GROPP, Dr. phil., geb 1956, ist Feuilletonredakteurin der Frankfurter Allgemeinen Zeitung.

WALTER HINCK, geb. 1922, ist Professor für Neuere deutsche Sprache und Literatur an der Universität Köln.

KERSTIN HOLM, geb. 1958, ist Rußland-Korrespondentin für das Feuilleton der Frankfurter Allgemeinen Zeitung.

MICHAEL JEISMANN, Dr. phil., geb. 1958, ist Feuilletonredakteur der Frankfurter Allgemeinen Zeitung.

FRIEDRICH KITTLER, ist Professor für Neuere deutsche Literaturwissenschaft an der Humboldt-Universität in Bochum.

REINHART KOSELLECK, geb. 1923, ist emeritierter Professor für Neuere Geschichte und Theorie der Geschichte an der Universität Bielefeld.

ALBRECHT KUNKEL, geb. 1938, war Wissenschaftsredakteur u. a. des „Spiegel“ und lebt als freier Journalist in Heidelberg.

CHRISTIAN PFISTER, geb. 1944, ist Professor für Wirtschafts-, Sozial- und Umweltgeschichte an der Universität Bern.

WOLFGANG SANDNER, Dr. phil., geb. 1942, ist Feuilletonredakteur der Frankfurter Allgemeinen Zeitung.

FRANK SCHIRRMACHER, Dr. phil., geb. 1959, ist Herausgeber der Frankfurter Allgemeinen Zeitung.

DIETER THOMÄ, geb. 1959, ist Professor für Philosophie an der Freien Universität Berlin.

MILOS VEČ, Dr. jur., geb. 1966, ist wissenschaftlicher Mitarbeiter am Max-Planck-Institut für europäische Rechtsgeschichte in Frankfurt/M. und Feuilletonredakteur der Frankfurter Allgemeinen Zeitung.

THOMAS WAGNER, geb. 1955, ist Redakteur für Bildende Kunst und Design bei der Frankfurter Allgemeinen Zeitung.

Bildquellennachweis

Berlin, „Die Woche“ *S. 58*
British Film Institute *S. 25*
William Claxton *S. 37*
Descharnes und Descharnes *S. 83*
Frankfurt, dpa *S. 65*
Wolfgang Haut *S. 68*
Hulton Deutsch Collection *S. 18, 115*
Magnum Distributions, M. Eugene Smith *S. 51*
Dieter Rüschel *S. 100*

Buchanzeigen